Auguste LEFRANÇOIS, Éditeur,
17, BOULEVARD DES FILLES-DU-CALVAIRE, 17

LA COMÈTE A PARIS

REVUE EN TROIS ACTES ET DIX TABLEAUX

PAR

MM. HECTOR MONRÉAL & HENRI BLONDEAU

Représentée pour la première fois à Paris, sur le Théâtre Déjazet, le 5 décembre 1874.

Musique nouvelle de MM. MARC-CHAUTAGNE, ROBERT, PLANQUETTE et PATUSSET.

Décors de MM. CORNIL, OCH et MÉNESSIER. — Costumes dessinés par M. MONRÉAL et exécutés par Mme BRACQ.

Trucs et Machines de MM. BAILLET et GUILLEMOT. — Appareils à projection de M. MOLTENI. — Mise en scène de M. Alphonse LEMONNIER.

Direction de M. AMÉDÉE DE JALLAIS.

DISTRIBUTION

VERNOUILLET	MM. RAYMOND.
LE SOLEIL, LE NOTAIRE	MERCIER.
ZODIAQUE, CHANDERLOT	DORGAY.
GRELUCHARD, L'OFFICIER DE FORTUNE	LAMARQUE.
GERTRUDE, UN GANDIN	ABEL.
BAPTISTE, UN GARÇON DE CAFÉ	YOUREY.
UN SPECTATEUR	LEMONNIER PÈRE.
BARBOUL	BESSEAU.
UN PATISSIER, PREMIER EUNUQUE	V. FIRMIN.
GARGAMEL	GEORGET.
CORNAVIN	RONFLANT.
PREMIER DÉMON	GUILLEMOT.
UN OURS, DEUXIÈME DÉMON, UN TROUBADOUR, UN POMPIER	GILLES.
TOTO GARGAMEL	La Petite CÉCILE.
UN SERGENT DE LYCÉENS	Le Petit SCHMITT.
LE CERCLE FANTASTIQUE, ROSE MICHU	Mmes EUDOXIE LAURENT
LA VIGNE, PARIS, L'IDOLE, LA MARIOTTE	Mmes RIQUET-LEMONNIER
LA COMÈTE	DÉSIRÉE.
LA REINE DES ABEILLES, UNE FONTAINE DU THÉATRE-FRANÇAIS, LE PRINCE DE CONTI	A. LERICHE.
SÉRAPHINE	IRMA LE FRANÇAIS
MADAME GARGAMEL	FABIEN.
PHOSPHORETTE, AGENCE DES POULES, LA COCOTTE DU JOUR, LA MONTRE, FORTUNATO	BERTHE BÉRANGER
NÉBULEUSE, LA FONTAINE DU CHATEAU-D'EAU, LA MERVEILLEUSE, LE THÉATRE-MORAL	BÉTSY B.
VÉNUS, MADAME GRELUCHARD, PRÉDÉGONDE	MIRECOURT.
MIGNONNETTE, MUSÉE RÉTROSPECTIF, UNE FONTAINE DU THÉATRE-FRANÇAIS, GIROFLA	TARRIQUE.
SAGITTAIRE, UNE ABEILLE, POMME D'API	JUBITR.
LA BALANCE, L'OUVREUSE CLÉOPATRE, ORPHÉE	MARIE LECONTE.
TOPAZE, UNE ROSIÈRE, LA BELLE FÉRONNIÈRE	MATHILDE.
BRILLANTINE, UNE ROSIÈRE, AGNÈS SOREL	AUGUSTINE B.
DIAMANTINE, UNE ABEILLE, UNE ROSIÈRE	DAUBIGNY.
UNE ABEILLE, UNE ROSIÈRE, LES GÉMEAUX, MADAME BARIGOUL	JEANNE.
LE CAPRICORNE, MADAME CORNAVIN, UNE ROSIÈRE, MARION DELORME	DAYDES.
UNE ROSIÈRE, UNE ABEILLE, LE SCORPION	JAMA.
LE BÉLIER, UNE ABEILLE, UNE ROSIÈRE	MARIA.

Signes, Insectes et Rosières, par Mmes MONTUSOIL, HENRIETTE, DOISTAU, ANITA, GUADALOUPA, BERTHE et MARIETTE.

PREMIER ACTE

Premier Tableau

LE PASSAGE DE VÉNUS

Des nuages; au fond le trône du soleil. — Le plancher est couvert d'un tapis peint en nuages.

SCÈNE PREMIÈRE

TOPAZE, PHOSPHORETTE, BRILLANTINE, NÉBULEUSE, MIGNONNETTE, DIAMANTINE (Étoiles), LES POISSONS, LE TAUREAU, L'ÉCREVISSE, LES BALANCES, LE SAGITTAIRE, LE VERSEAU, LE BÉLIER, LES GEMEAUX, LE LION, LA VIERGE, LE SCORPION, LE CAPRICORNE (Signes), puis ZODIAQUE.

Au lever du rideau, armées de quenouilles d'or, elles sont assises en ligne sur des coussins d'azur et filent. — Les signes du Zodiaque sont groupés derrière elles.

CHŒUR.

AIR : *Tournez, tournez (Fille Angot).*

Tournez, tournez,
Entre nos leurs doigts agiles; } bis.
Fuseaux, soyez dociles,
Tournez et retournez.

ZODIAQUE, *entrant.* Que vois-je?.

TOUS, *avec surprise.* Zodiaque !... (*Les Étoiles se lèvent.*) *Mouvement général.*

ZODIAQUE. Comment, mesdemoiselles, vous vous occupez tranquillement à filer sous les yeux de mes douze signes... lorsque tout le firmament est en branle-bas.

TOPAZE. Mais puisqu'on nous appelle des étoiles filantes.

LE BÉLIER. Elles sont dans l'exercice de leurs fonctions, papa Zodiaque.

BRILLANTINE. Et j'ajouterai même que nous ne sommes pas les seules... à filer.

ENSEMBLE.

AIR : *La première, la première.*

Chacun file, file, file,
Sur la terre comme aux cieux;
Tout le monde prend la file,
Pour filer à qui mieux mieux.

BRILLANTINE.

Sur les lèvres d'une femme
Quand on dépose un baiser...
Quand ce baiser vous enflamme
Et vous dit de tout oser...
Oui, l'on file, file, file
Alors le parfait amour.

ENSEMBLE

Le temps passe, la nuit file,
Et l'on ne file qu'au jour.

NÉBULEUSE.

Débiteur, ce qu'on redoute
Bien souvent, c'est de payer;
Quand par malheur sur sa route
On rencontre un créancier...
Comme on file, file, file...
C'est l'affaire d'un moment.

ENSEMBLE.

On se cache, on se faufile,
Pour filer plus lestement.

MIGNONNETTE.

Un pick-pocket émérite
Vous soufle-t-il votre argent;
Pour le pincer au plus vite
Vous prévenez un agent...
L'agent file, file, file,
Votre filou pas à pas.

ENSEMBLE.

Et si c'est un homme habile,
Le filou ne file pas.

ZODIAQUE.

Je suis dans l'art culinaire
Comme le grand Rossini,
Ce qu'à table je préfère
C'est un bon macaroni...
Quand il file, file, file
Et quand il n'y manque rien.

ENSEMBLE.

Je suis } macaroniphile.
Il est }
Surtout quand il file bien.

DIAMANTINE.

Du devoir quand on s'écarte
Filer doux est très-prudent.

TOPAZE.

Le grec sait filer la carte

PHOSPHORETTE.

On fil' des sons en chantant.

REPRISE.

Chacun file, file, file,
Sur la terre comme aux cieux,
Tout le monde prend la file,
Pour filer à qui mieux mieux.

ZODIAQUE. Tout ça, mes enfants, c'est très-joli... mais vous me faites perdre mon temps... Laissez-moi faire l'appel de mes douze Signes. (Il tire un petit carnet de sa poche et fait l'appel.) Le Verseau!...

LE VERSEAU, se détachant d'un pas. Présent!...

ZODIAQUE, l'inspectant. Montrez-moi le recto.

LE VERSEAU, se retournant. Le voilà!

ZODIAQUE, le pointant. C'est parfait! (Au public.) Comme c'est dressé, hein?... (Au Verseau.) Y-a-t-il du nouveau ce matin?...

LE VERSEAU. Capitaine... rien de nouveau sous le soleil.

ZODIAQUE, aux étoiles. Il y a du vrai dans ce qu'il dit là. A un autre!... Le Bélier!...

LE BÉLIER. Présent!...

ZODIAQUE, même jeu. Les deux Gémeaux... lyonnais!...

LES GÉMEAUX. Présent!...

ZODIAQUE. Comment ça... présents!... Vous dites présents... et vous n'êtes qu'un!... Où est Anatole?...

LES GÉMEAUX. Anatole... c'est moi!...

ZODIAQUE. Alors, où est Hippolyte?...

LES GÉMEAUX. Hippolyte!... Il est allé chanter dans le monde la légende de saint Nicolas!... Faut-il l'aller chercher? Nous la chanterons ensemble.

TOUS, se récriant. Ah! non!... non!... non!...

LE TAUREAU, au Sagittaire. Vous n'êtes qu'un sot!...

LE SAGITTAIRE. Et vous un imbécile. (Ils vont se battre.)

ZODIAQUE, s'interposant. Eh, là-bas!... Je défends qu'on se dispute dans les rangs.

LE TAUREAU. C'est le Sagittaire qui remue toujours!...

LE SAGITTAIRE. Non, capitaine... c'est le Taureau qui m'a flanqué un coup de corne.

ZODIAQUE. Alors, je donne tort au Taureau... et prie le Sagittaire de ne plus s'agiter ainsi. L'incident est clos, je continue: L'Écrevisse.

L'ÉCREVISSE. Présent!...

ZODIAQUE. Les Poissons!...

LES POISSONS. Présent!...

ZODIAQUE. Le Lion!...

LE LION. Présent!...

ZODIAQUE. La Vierge...

TOUS. Absente!...

ZODIAQUE. Elle n'est jamais là!... Je vais la pointer! (Continuant.) Les Balances.

LES BALANCES. Présent...

ZODIAQUE. Le Scorpion...

LE SCORPION. Présent...

ZODIAQUE. Le Capricorne.

LE CAPRICORNE. Présent!...

(Il les a tous pointés au fur et mesure.)

ZODIAQUE, fermant son carnet. Et maintenant faites-moi le plaisir d'aller chercher vos bannières.

LES SIGNES. Déjà!...

BRILLANTINE. Et pourquoi?...

ZODIAQUE. Mais parce que, dans un tout petit quart d'heure, la planète Vénus doit passer devant le Soleil et que tous les astres vont se mettre en mouvement pour assister à ce spectacle que je qualifierai de grandiose?...

NÉBULEUSE. Il sera grandiose?...

LE BÉLIER. Archi-grandiose!... Nous avons entendu parler de cela.

ZODIAQUE. En qualité de maître des cérémonies... c'est moi, Zodiaque, qui ai réglé l'ordre et la marche du cortége. Seulement j'avoue que ce cortége sera bien peu de chose en comparaison du phénomène qui va se produire sur la terre au moment du passage de Vénus.

TOUTES. Un phénomène?...

ZODIAQUE. Extraordinaire!

AIR : de Calpigi.

Entre le soleil et la terre
On dit, ce n'est pas un mystère
Que lorsque Vénus passera
Tout le monde roucoulera
Et même qu'on s'embrassera.
Toutes les femm's s'ront langoureuses.
Elles seront tout's amoureuses...
Amoureuses de leurs maris...
Ah! j'crois qu'on sera bien surpris
D'un tel phénomène à Paris.

LES ÉTOILES, riant. Ah! mais ce sera très-drôle.

LE LION. Tout le monde voudra voir ça.

DIAMANTINE. Tous les télescopes des astronomes vont êtres braqués sur le firmament.

ZODIAQUE. C'est même pour cette raison que le Soleil tient à être resplendissant.

LE SCORPION. Il veut être superbe!...

ZODIAQUE. Et pas plus tard que ce matin, il a poussé la coquetterie jusqu'à faire redorer ses rayons.

LES ÉTOILES. Ah bah!

ZODIAQUE. Oui, oui!... Seulement, les astronomes, c'est le prétexte...

LE CAPRICORNE. La véritable raison, c'est Vénus!

TOPAZE. Est-ce que vous croyez qu'il a des vues sur elle?

PHOSPHORETTE. A son âge... oh la la la la!

ZODIAQUE, se rapprochant. Mes enfants, je ne veux pas faire de potins... mais, je vous avouerai entre nous que je crois qu'il a assez de la Lune et qu'il ne serait pas fâché de follichonner avec l'une de ses planètes.

LES ÉTOILES, riant. Tiens, tiens, tiens...

ZODIAQUE. Alors, vous comprenez... il a demandé qu'on les fît passer devant lui les unes après les autres...

BRILLANTINE. Aujourd'hui Vénus...

LE LION. Demain Junon, Pallas...

MIGNONNETTE. Et ainsi de suite, jusqu'à ce qu'il en ait trouvé une à son goût.

LE SCORPION. Et s'il en trouve plusieurs... à son goût...

ZODIAQUE. Il se montera un petit parc-aux-cerfs.

LE VERSEAU. Mais oui!... Et il y enfermera aussi la petite Comète.

ZODIAQUE. Quelle Comète?

LE BÉLIER. Celle qui nous a été expédiée dernièrement...

ZODIAQUE. Jamais de la vie!... Elle casse tout ce qui lui tombe sous la queue... C'est une vraie toupie hollandaise lâchée dans le firmament. Je connais le Soleil... Il n'aime pas ces manières-là.

LE CAPRICORNE. Le fait est qu'elle est joliment turbulente.

TOUS. Oh! oui, par exemple!

(On entend le Soleil qui appelle Zodiaque.)

ZODIAQUE. Le Soleil!... Bigre... Dépêchez-vous de filer...

BRILLANTINE. Il serait furieux s'il nous trouvait encore ici.

TOUTES. Au revoir, papa Zodiaque.

ZODIAQUE. Surtout, n'oubliez pas d'aller vous joindre au cortége.

NÉBULEUSE. Nous y allons de ce pas.

LE SAGITTAIRE. Et nous... nous allons chercher nos bannières!...

TOUS. Aux bannières!...

(On entend le Soleil qui de nouveau appelle Zodiaque.)

ZODIAQUE. Voulez-vous bien filer!-

REPRISE.

Chacun file, file, file,
Etc.

(Les Signes et les Etoiles sortent, Zodiaque les accompagne.)

SCÈNE II.

LE SOLEIL, puis ZODIAQUE.

LE SOLEIL. (Il arrive par le premier plan de droite en se frottant le nez et en se regardant dans une petite glace. A lui-même.) Décidément la benzine a des effets merveilleux... Une demi-douzaine de flacons a suffi pour faire disparaître complétement toutes mes taches. (Appelant.) Zodiaque! (Il se frotte toujours en le cherchant.) Ah çà, où est-il donc passé, cet animal-là?... Zodiaque!

ZODIAQUE, revenant. Me voilà, monseigneur!... Je congédiais les petites Étoiles qui étaient de garde ici cette nuit.

LE SOLEIL, cessant de se frotter. Zodiaque! comment me trouves-tu?

ZODIAQUE. Ruisselant, monseigneur, ruisselant! (A part.) Qu'est-ce qui sent donc la benzine comme ça? (Il se recule et passe à droite.)

LE SOLEIL, allant près de lui. Et dire que sur la terre on prétend que je vieillis et que je n'ai plus le moindre calorique, moi, le Soleil?

ZODIAQUE, l'évitant. Oh! pour le calorique ce n'est pas ça qui vous manque, monseigneur!... On sait que vous êtes très-chaud.

LE SOLEIL, le suivant. Trop chaud... Zodiaque, trop chaud!... Ainsi pas plus tard qu'avant-hier, je faisais un doigt de cour à la petite comète qui nous est arrivée dernièrement... Sais-tu ce qu'elle m'a répondu?... Monseigneur, vous me faites suer.

ZODIAQUE, riant. C'était un mot!...

LE SOLEIL. Pas très fort... Mais j'en ai vu dans les journaux qui ne valaient certainement pas celui-là... A propos de journaux, les deux petits clowns terriens qui devaient figurer dans le divertissement que je compte offrir à Vénus sont-ils arrivés?...

ZODIAQUE. Non, monseigneur.

LE SOLEIL. Pourquoi cela?

ZODIAQUE. Parce qu'une nouvelle loi vient de supprimer les enfants de saltimbanques!...

LE SOLEIL. Eh bien, mon petit Zodiaque! entre nous je ne donne pas tout à fait tort aux terriens! seulement, si j'avais été à leur place, je ne me serais pas arrêté là...

AIR nouveau de M. Patucet.

Puisque maintenant on réprime
Ce qui peut être réprimé
Moi, je demande qu'on supprime
Ce qui doit être supprimé.
Je me suis souvent laissé dire...
Chez les hommes qu'il existait
Des choses à mourir de rire
Et que tout le monde acceptait,
Entre autres choses très-hardies

Chez eux on voit, sans s'alarmer
Des gens qui font des... tragédies!...
Pourquoi ne pas les supprimer?
Sur terre on rembourre la femme
Comme une poupée en carton...
C'est une duperie infâme;
Il faut supprimer le coton!...
Il faut supprimer les banquistes,
Les paillasses, les charlatans,
Les importuns, les égoïstes,
Les exploités, les exploitants,
Les usuriers, les imbéciles,
Les oppresseurs, les opprimés;
Tous ces gens-là sont inutiles,
Ils doivent être supprimés.
Lorsque l'on parle politique
Jamais sur terre on ne s'entend;
C'est une infernale boutique
Où tout le monde est mécontent;
Tour à tour chacun revendique
Pour celui-ci, pour celui-là...
Supprimez-moi la politique
Ça n'ira pas plus mal pour ça!...
Puisque maintenant on reprime
Ce qui peut être reprimé,
Moi, je demande qu'on supprime
Ce qui doit être supprimé...

(*On entend des hurrahs et des exclamations en dehors. Musique de l'air qui suit en sourdine. Zodiaque va au fond.*)

LE SOLEIL. Qu'est-ce que c'est que ça, Zodiaque.

ZODIAQUE, *au fond.* Monseigneur... c'est elle qui arrive.

LE SOLEIL. Qui ça... elle?

ZODIAQUE. Eh, parbleu, la belle Vénus!...

LE SOLEIL. Vénus, déjà!... (*A part.*) Sapristi! ma benzine n'aura jamais eu le temps de s'évaporer! (*Il rajuste ses rayons et va s'asseoir sur son trône.*)

ZODIAQUE. La voici, monseigneur!

SCÈNE III.

LES MÊMES, LA PLANÈTE DE MARS, LES DOUZE SIGNES DU ZODIAQUE, LES SIX ÉTOILES, VÉNUS, DEUX AMOURS.

(*Le cortége entre dans l'ordre suivant : la Planète de Mars ouvrant la marche, six Signes du Zodiaque avec des bannières sur lesquelles on voit les attributs qui les caractérisent, les six Étoiles, Vénus, suivie par deux amours qui portent des cages avec des colombes. Puis les six autres Signes du Zodiaque fermant la marche.*)

CHOEUR.
AIR : *Tous sans trompettes ni tambours.*
Voici Vénus et ses amours,
Sonnez trompettes et tambours.
Sonnez trompettes (*ter*) et tambours.
Pour nous c'est un moment
Charmant,
C'est grande fête au firmament,
C'est grande fête (*ter*) au firmament.

(*Les douzes Signes du Zodiaque vont se ranger de chaque côté du Soleil.*)

VÉNUS.
AIR *de la Vénus aux Carottes.*
Je n'ai jamais mis de poudre de riz
Et cependant j'ai su charmer les hommes
Pour m'admirer j'ai vu fuir de Paris
Tous les savants et tous des astronomes
De ma beauté partout on s'entretient,
Dans tous pays, j'ai fait tourner les téles...
et l'univers aujourd'hui m'appartient,
Je suis Vénus (*bis*) la reine des planètes!
Je suis Vénus, (*bis*) la reine des planètes!

REPRISE DU CHOEUR.
Voici Vénus et ses amours,
Sonnez trompettes et tambours.
Etc., etc.

TOUT LE MONDE. Vive Vénus!

ZODIAQUE. Vive le Soleil!

TOUS. Vive le Soleil!

LE SOLEIL, *se levant.* Sujets et sujettes..., planètes et constellations... astres de tous les sexes et de toutes les grandeurs... Je croirais manquer à tous mes devoirs si par quelques mots bien sentis... je ne vous remerciais de l'empressement que vous avez mis à assister à un événement qui... à un événement que...

ZODIAQUE. Vive le Soleil.

TOUS. Vive le Soleil.

LE SOLEIL, *allant au devant de Vénus.* Quant à vous, madame, qui avez bien voulu quitter votre orbite pour venir me faire de l'œil, je n'ai qu'un mot à vous dire, et il sera bon! Si vous êtes simplement Vénus pour tout le monde... pour moi vous êtes trois fois là bien... Vénus.

TOUS, *scandalisés.* Oh!

VÉNUS, Monseigneur, croyez bien que de mon côté... je suis flattée de l'accueil qui... (*Changeant de ton.*) Pristi, que ça sent la la peinture chez vous!

ZODIAQUE. Ce n'est pas la peinture que ça sent... c'est la benzine!...

LE SOLEIL, *bas.* Tais-toi donc, animal! tu vois bien que je me suis enlevé mes taches! (*Haut.*) Et maintenant sujets et sujettes, je désire rester seul avec madame! Je ne vous renvoie pas... mais en attendant, si vous voulez passer dans le nuage à côté, vous m'obligerez beaucoup.

DIAMANTINE. Y a-t-il des rafraîchissements.

ZODIAQUE. Le Verseau vous en versera.

PHOSPHORETTE. Alors, nous allons y aller.

TOUS. Allons-y.

REPRISE EN CHOEUR.
Voici Vénus et ses amours
Etc., etc.

SCÈNE IV.

LE SOLEIL, VÉNUS.

LE SOLEIL, *apportant un coussin et allant s'installer près de Vénus.* Eh bien... le voilà donc arrivé ce moment tant désiré... Vénus est passée devant le Soleil!!!

VÉNUS. Ma foi, je ne vous cache pas qu'il me tardait joliment de me débarrasser de cette corvée-là.

LE SOLEIL. Corvée!

VÉNUS, *se levant.* Oui, une corvée!... (*Changeant de ton.*) Ah! ça... vous avez donc fait badigeonner votre plafond? (*Elle passe à droite en ayant l'air de flairer l'atmosphère.*)

LE SOLEIL, *la suivant avec son coussin.* Quelques petits raccords dans les nuages... ce n'est rien. (*A part.*) J'ai mis trop de benzine! (*Il se rassied près d'elle.*)

VÉNUS, *s'asseyant à droite et reprenant.* Vous ne savez donc pas que depuis qu'il est question de mon passage, tous les astronomes se sont mis en révolution et qu'ils ont inventé des télescopes gigantesques pour ne pas perdre un détail de notre entrevue...

LE SOLEIL. Ils oseraient... braquer les détails.

VÉNUS. Ils en sont bien capables!... les monstres! Et j'ai grand'peur...

LE SOLEIL, *très-tendre.* Eloignez ces craintes, chère Vénus!... ici nous sommes seuls, bien seuls!... (*En ce moment on voit surgir des nuages deux ou trois télescopes qui se braquent sur le Soleil et Vénus. Le Soleil continuant.*) Personne n'osera venir troubler ce tête-à-tête délicieux.

VÉNUS. Si ça vous est égal... j'aimerais mieux causer un peu plus loin... Je ne sais pas si c'est une idée... mais ça sent encore plus fort par ici... (*Elle se lève. Les télescopes disparaissent. Elle emporte son coussin et va s'installer au milieu du théâtre.*)

LE SOLEIL, *même jeu.* Vous voulez aller un peu plus loin... allons un peu plus loin. (*A part.*) Moi, je suis sûr que ce sera absolument la même chose.

VÉNUS, *assise.* Vous disiez donc?

LE SOLEIL, *avec feu.* Ce que je disais, ô Vénus!... je disais que je t'adore, je disais que tu es la planète de mes rêves... et que décidément le Soleil ne peut plus vivre sans toi.

VÉNUS, *étonnée.* Ah bah!

LE SOLEIL.
Air *de la famille Trouillat.*
Je suis tout feu, tout flamme,
Depuis quelques instants,
Et ne puis, sur mon âme,
Attendre plus longtemps,
Le feu de ta prunelle
Calcine mon cerveau;
Je veux, ma tourterelle,
Être ton tourtereau.

(*Lui prenant la main.*)

Je n'y tiens plus, saperlotte!
Passe-moi ta menotte pour
Qu'avec amour
Je la bécotte!

(*Il l'embrasse. Pendant le couplet quelques télescopes ont paru à droite et à gauche. Au moment du refrain ils se sont retirés subitement.*)

VÉNUS.
II.
J'ai très-bon caractère,
Prenez vite un baiser;
De peur de vous déplaire
Je ne puis refuser,
Mais sur cette entrevue
Gardez bien le secret,
Car, je serais perdue
Si quelqu'un nous voyait.

(*Le Soleil lui embrasse de nouveau la main; les télescopes reparaissent.*)

VÉNUS, *continuant.*
Prenez, prenez ma menotte,
Vénus ne sait refuser rien.
Elle aime bien
Qu'on la bécotte.

(*Le Soleil la lui embrasse avec frénésie. En ce moment, il y a positivement une forêt de télescopes sur la scène.*)

VÉNUS, *se levant avec précipitation et poussant un cri en les apercevant.* Ah!

LE SOLEIL, *se reculant.* Qu'est-ce que c'est que tous ces tuyaux-là?

VÉNUS, *baissant les yeux.* Des télescopes qui ont guigné les détails, monseigneur.

LE SOLEIL, *furieux.* Ils ont guigné les détails!... Mais c'est intolérable!... On n'a pas idée d'une indiscrétion pareille. (*Criant de tous côtés.*) Au secours! A la garde!

SCÈNE V.

LES MÊMES, LA PLANÈTE DE MARS, LES SIX ÉTOILES, *puis* ZODIAQUE.

CHOEUR
(*En entrant, ils ont vu les télescopes.*)
Air : *Final du Petit Faust.*
Ah! la drôle d'histoire;
Est-ce donc l'Observatoire
Qui nous arrive là?
Jamais on a vu cela!...

LE SOLEIL, *hors de lui.*
Mes enfants, je suis outré;
Oui, je suis exaspéré
Contre ces lorgnettes
Indiscrètes
De ces vauriens
De terriens
Me relancer jusqu'ici,
J'en dois être cramoisi!
Jamais le Soleil
Ne vit rien de pareil!

(*Pendant la reprise, ils sautent tous en l'air pour tâcher d'attraper les télescopes.*)

REPRISE
Ah! la drôle d'histoire,
Etc.

(*Petit à petit, les télescopes ont disparu pendant la reprise de l'ensemble.*)

LE SOLEIL. Enfin!... nous en voilà débarrassés. (*S'approchant de Vénus.*) Tranquillisez-vous, belle planète... je vais renvoyer ces gens-là... et reprendre notre petite conversation de tout à l'heure.

(*On entend un bruit de soufflets donnés et de vaisselle cassée.*)

LE SOLEIL. Qu'est-ce que c'est encore que ça?

(*On entend une dispute.*)

ZODIAQUE, *entrant en se tenant la joue.* Monseigneur, c'est la Comète qui veut entrer à toute force!

(*Dispute et rumeurs dans la coulisse.*)

VÉNUS. Vous avez une comète ici et vous ne me l'avez pas présentée?

LE SOLEIL. Je m'en serais bien gardé.

ZODIAQUE. On voit bien que vous ne la connaissez pas.

SCÈNE VI

LES MÊMES, LA COMÈTE.

LA COMÈTE, *paraissant au fond et bousculant tous les signes du Zodiaque, qui veulent l'empêcher d'entrer.* Vous n'êtes qu'un tas de pas grand'choses... et je vous dis que j'entrerai. (*Elle entre.*)

AIR des *P'tits agneaux.*

Ohé, les p'tits agneaux,
Place à la Comète!
Plutôt que d' battre en r'traite,
J' vous pass'rais sur l' dos.
Je n'accepte pas
Dans mes volontés qu'on m'agace.
Place,
Qu'on s'efface,
Ou bien j' tap' dans l' tas!!

REPRISE.
Ell' n'accepte pas
Dans ses volontés qu'on l'agace.
Place!
Qu'on s'efface!
Cédons-lui le pas.

LE SOLEIL, *calmant la Comète.* Voyons, Sophie, calme-toi; on n'entre pas chez le Soleil comme dans un magasin de nouveautés, que diable! Je suis chef de rayons, c'est vrai... mais ce n'est pas une raison,

ZODIAQUE. Il y a le décorum!... Qu'est-ce que vous faites du décorum.

LA COMÈTE. Je m'en moque du décorum... Une comète est un astre irrégulier.

LE SOLEIL. Trop irrégulier!

LA COMÈTE. Un astre qui a le droit de vagabonder selon sa fantaisie, d'accrocher sa chevelure aux angles de tous les nuages si ça lui fait plaisir... et d'envoyer l'étiquette à tous les diables!... (*Elle tape sur le ventre de Zodiaque.*)

LE ZODIAQUE. Faites donc attention, mademoiselle... il y a du monde!

LA COMÈTE. Du monde!... (*Apercevant Vénus et saluant.*) Ah! pardon, madame, je ne vous avais pas aperçue.

VÉNUS, *souriant.* Vous êtes toute excusée, mademoiselle.

LE SOLEIL. Tout ça ne me dit pas ce que tu veux.

LA COMÈTE, *très-ronde.* Oh! mon Dieu, c'est bien simple!... Je m'ennuie au milieu de tous ces imbéciles-là. (*Murmures.*) Oui, imbéciles!... Et si vous étiez bien gentil, bien mignon, vous m'enverriez faire un petit tour sur la terre; je suis sûre que ça me changerait les idées!

LE SOLEIL. T'envoyer sur la terre... toi!.. Ah bien, il ne manquerait plus que ça.

ZODIAQUE. Dans quel état nous reviendrait-elle?

VÉNUS, *à la Comète.* Vous n'auriez pas peur des hommes?

LA COMÈTE. Peur! Ils sont bien trop gentils pour ça!

LE SOLEIL. Tu en as donc vu?...

LA COMÈTE. Mais oui!... l'autre jour... j'ai découvert un petit accroc dans un nuage, et j'en ai profité pour regarder la terre... J'ai aperçu un homme sur un toit.

LE ZODIAQUE. Sur un toit! Ça devait être un plombier-zingueur,

LA COMÈTE. Je crois plutôt que c'était un astronome.

VÉNUS. Un astronome!... Alors il vous aura vue aussi.

LA COMÈTE. C'est probable..., car dès le lendemain il a installé un télescope sur le haut de sa maison et depuis il n'a cessé de fixer le petit accroc où j'avais passé le bout de mon nez!

LE SOLEIL. Oh! les télescopes.

LA COMÈTE. J'ai été demander des renseignements à ma grand'mère, la comète de Charles-Quint...

ZODIAQUE. Elle va toujours bien la comète de Charles-Quint?

LA COMÈTE. Très-bien, merci. Alors elle m'a appris ce qu'était la terre, comment étaient faits les hommes, et ça m'a donné envie de les connaître...

VÉNUS. Je comprends ça...

LE SOLEIL. Ta grand'mère est une vieille bavarde!... Il est possible que sous Charles-Quint les hommes ressemblaient à ce qu'elle t'a décrit, mais depuis, ces animaux-là sont complètement dégénérés.

ZODIAQUE. Certainement!... Et à l'heure qu'il est, ils ne sont pas plus hauts que ça! (*Il indique une hauteur de cinquante centimètres.*)

LE SOLEIL. Tu exagères, Zodiaque! N'est-ce pas, vous autres?..

TOUS. Ils ne sont pas plus hauts que ça!... (*Ils indiquent une hauteur de dix centimètres, tout au plus.*)

LA COMÈTE. Pas plus grand que ça, soit!.. Mais je sais que grand'maman m'a dit:

AIR: *Si j'étais comme vous.*

Certe, il est bien petit,
Cet animal qu'on nomme
L'homme!
Mais, sans contredit,
Comme
L'homme
Est grand lorsqu'il agit.
Dans ce qu'il entreprend,
Toujours il parle en maître:
Drôle de petit être!
Tout ce qu'il fait est grand!...
Pourtant, du haut des cieux,
Sa taille est fort modeste;
Pour le voir, je l'atteste,
Il faut de très-bons yeux!

REPRISE.
Certe, il est bien petit,
Etc.

Son volume est petit,
Mais sa puissance est grande,
Et pour peu qu'il commande,
Soudain tout obéit!
Lorsqu'il dicte ses lois,
Nul ne peut s'y soustraire;
On a vu sa colère
Faire trembler des rois!

REPRISE.
Certe, il est bien petit,
Etc.

A peine si l'on peut
Voir ses yeux et sa bouche;
On dirait une mouche...
Et pourtant, quand il veut,
Il dompte l'Océan,
Il nargue le tonnerre,
Et, s'il parcourt la terre,
C'est à pas de géant.

REPRISE.
Certe, il est bien petit,
Etc.

Grand palais, grand chemin,
Grand vaisseau, grande guerre...
Tout devient grand sur terre
Quand l'homme y met la main.
Tout prospère et grandit
Sur la machine ronde.
Tout est grand dans le monde;
Lui seul reste petit!...
Certe, il est bien petit,
Cet animal qu'on nomme
L'homme!
Mais, sans contredit,
Comme
L'homme
Est grand lorsqu'il agit!

LE SOLEIL. Mais nom d'un petit bonhomme, je ne puis pas t'envoyer sur la terre sans motif.

ZODIAQUE. C'est évident!... Il nous faut un motif!

LE SOLEIL. Personne ne t'y réclame!

(*Forté à l'orchestre.*)

Deuxième Tableau

LE VIN DE LA COMÈTE

Tout le décor se change subitement et représente des treilles surchargées de raisins.

SCÈNE UNIQUE

LES MÊMES, LA VIGNE.

LA VIGNE, *surgissant du fond.* Qui est-ce qui prétend que personne ne réclame la Comète.

TOUS, *s'écartant.* La Vigne!

LA VIGNE, *s'avançant.* Oui, la Vigne... qui s'étiole... qui se dessèche et qui dépérit depuis qu'un ennemi implacable lui a déclaré la guerre!

LE SOLEIL, *à part.* Si elle appelle ça dépérir... Comment sera-t-elle quand elle se portera bien?

LA COMÈTE. Vous avez un ennemi?...

VÉNUS. Comment l'appelez-vous?

LA VIGNE. Le phylloxera!

TOUS. Le phylloxera!

LE SOLEIL. Qu'est-ce que c'est que cet animal-là.

LA VIGNE. C'est un animal... encore plus laid que monsieur... (*Elle désigne le Zodiaque. On rit.*) et qui finira par me détruire tout à fait, si vous n'envoyez pas immédiatement une comète sur la terre pour protéger mes vendanges!

LA COMÈTE, *joyeuse, au Soleil.* Ah! vous voyez bien qu'on a besoin de moi.

ZODIAQUE. Pourquoi faire?

LA VIGNE. Pour décupler la valeur des raisins qui me restent.

VÉNUS. Est-ce que vous ne devriez pas savoir que le vin est excellent toutes les fois qu'il paraît une comète.

LA COMÈTE, *au Soleil.* Vous hésitez encore?...

LE SOLEIL. Mais...

LA VIGNE. Lui, hésiter!... Allons donc!... Est-ce que le Soleil peut abandonner la Vigne? Sans vin!... Mais le monde mourrait d'ennui. C'est lui qui nous met la folie en tête, la joie au cœur et la chanson aux lèvres... Vive le bon vin!...

(*Elle étend la main et l'on voit aussitôt le trône du Soleil se changer en une magnifique treille couverte de raisins. Au milieu, un énorme tonneau surchargé de pampres et de verdure. Les deux petits amours qui faisaient partie du cortége apportent des corbeilles pleines de gobelets dorés. Ils en offrent à tous les personnages qui sont en scène.*)

TOUS. Vive le bon vin!

CHŒUR.
AIR: *A boire, à boire.*
A boire! à boire! à boire!
Au vin nous devons croire

Ne pas boire serait malsain ;
Il faut donc soigner le raisin.

(Ils vont tour à tour remplir leurs gobelets au tonneau.)

LA VIGNE.

AIR du *Vin à quatre sous.*

On ne fait pas de vin
Quand la vigne est malade,
Et sans ce jus divin,
Pas la moindre incartade.
Sans vin, le genre humain
Deviendrait très-maussade.
Je n'ai pas dit mon dernier mot ;
Mais il faut agir au plus tôt,
Si l'on veut sauver le cliquot,
Le bourgogne et le clos-Vougeot.
Déclarons la guerre au phylloxera !
La Comète seule en triomphera.
Quand disparaîtra
Le phylloxera,
La vigne aussitôt se relèvera.
Plus on boira,
Plus on rira,
Se grisera,
Rigolera !...

REPRISE.

Plus on boira,
Etc., etc.

(Ils trinquent et boivent.)

LA VIGNE.

AIR : *Aussitôt que la lumière.*

Aussitôt que les vendanges
Auront rempli mes tonneaux,
Vous entendrez des louanges
Partir de tous les côteaux...
Poussant un éclat de rire,
Le monde entier trinquera,
Et l'on entendra redire
Le vieux refrain que voilà :

AIR CONNU.

Et lon lon la,
La bouteille
Fait merveille.
Et lon lon la ;
Non, rien ne vaut cela !
Et lon lon la,
La bouteille, la bouteille,
Et lon lon la,
La bouteille, tout est là !

REPRISE.

Et lon lon la.
Etc.

AIR : *Elle aime à rire, elle aime à boire.*

Me délaisser serait blâmable,
Car c'est moi qui fais le raisin,
C'est le raisin qui fait le vin,
Et c'est le vin qui rend aimable.
L'humanité, sans nos glous glous,
Perdrait les trois quarts de sa gloire.
Elle aime à rire, elle aime à boire,
Elle aime à chanter comme vous.

REPRISE.

TOUS.

Elle aime à rire, elle aime à boire,
Elle aime à chanter comme nous.

LA VIGNE.

AIR : *Paris à cinq heures du matin.*

Le vin, c'est notoire,
Souvent fit la gloire :
Vadé savait boire,
Et Panard aussi...
Plus ils se grisèrent,
Plus ils prospérèrent ;
Ils ne s'en trouvèrent
Pas mal, Dieu merci !
Que la Comète
Vite s'apprête
A tenir tête
Au phylloxera...
Dans ma détresse,
Qu'elle apparaisse,
Et l'allégresse
Partout renaîtra.
Gloire sans pareille ;
L'homme, sous ma treille,
Dans une bouteille,
Noiera sa raison.
Si l'on me délivre,
Tout devra s'en suivre ;
On verra revivre
La vieille chanson.

AIR : *C'est l'bon vin.*

Le soir, à la guinguette,
Comm' dans le bon vieux temps,
On verra la grisette
Passer de doux instants.
Le seul bonheur
D'un vrai buveur,
C'est d'être un peu pompette !
Eh bon, bon, bon,
Quand l' vin est bon,
Au diable la raison !

REPRISE EN CHŒUR.

Eh bon, bon, bon,
Quand l' vin est bon,
Au diable la raison !

LA VIGNE.

Quand il boit,
L'homme voit
Tout en rose,
Et pour cause :
C'est l'bon vin,
C'est certain,
Qui met tout le monde en train !

REPRISE GÉNÉRALE.

Quand il boit,
L'homme voit
Tout en rose,
Et pour cause :
C'est l' bon vin,
C'est certain,
Qui met tout le monde en train.

(Tout le monde trinque et boit. La scène très-animée.)

LE SOLEIL, *très-joyeux et un peu éméché.* Eh bien, nom d'un petit bonhomme, voilà qui est parlé.

VÉNUS. Vous êtes convaincu.

LE SOLEIL, *titubant.* De l'orteil à l'occiput.

LA COMÈTE. Vous me permettez d'aller faire un petit voyage autour de la terre ?..

LE SOLEIL. Pourvu que tu me rapportes ta coda... c'est tout ce que je te demande.

LA COMÈTE. Vive le Soleil !

TOUS. Vive le Soleil !

VÉNUS. Seulement, voilà le hic !.. Où va-t-elle descendre ?.. qui la conduira et la protégera au milieu des hommes.

LA COMÈTE, *avec malice.* Vous êtes femme et vous le demandez.

VÉNUS, *ravisée.* C'est juste !... j'oubliais l'adorateur inconnu qui vous observe du haut de son toit.

LA COMÈTE, *à la Vigne.* Viendrez-vous avec moi ?..

LA VIGNE. Impossible !.. Il faut que j'aille préparer mes tonneaux pour les vendanges.

LA COMÈTE. Et je crois qu'elles seront bonnes.

LE SOLEIL, *à Zodiaque.* Zodiaque, fais avancer le chariot de la grande ourse. (*Zodiaque fait un signe. On voit arriver un petit chariot traîné par un ourson.*)

LA COMÈTE, *allant embrasser le Soleil.* Au revoir, grand Soleil !

LE SOLEIL, *l'embrassant.* Au revoir, petite ! au revoir... surtout fais attention à ta coda... c'est tout ce que je demande.

TOUS. Vive la Comète ! (*La Comète va s'asseoir dans le chariot.*)

ZODIAQUE, *à part.* Pourvu qu'en quittant *les cieux* celui qui soutient mon chariot ne se rompe pas. (*Tout le monde remonte.*)

VÉNUS, *au Soleil.* Est-ce que nous n'irons pas lui faire un petit bout de conduite.

LE SOLEIL, *avec intention.* Ah non !.. Si vous le permettez, nous allons profiter de ce que tous les télescopes vont se braquer sur elle pour reprendre notre petite conversation de tout à l'heure.

ZODIAQUE, *très-éméché lui-même.* Je crois que j'ai attrapé un coup d'œil !

LA COMÈTE, *au fond.* En route !..

TOUS. En route !..

ENSEMBLE.

AIR : de *Giroflé-Girofla !*

Au vin tout en faisant fête,
Rions, dansons et chantons } *bis.*
Pour cacher à la Comète
Ce qu'ici nous ressentons.
Oui, chantons !..

ZODIAQUE.

Aujourd'hui pas de tristesse !

TOUS.

Oui, chantons !...

LA COMÈTE.

Faisons preuve d'allégresse !

TOUS.

Oui, chantons !

LA VIGNE.

Rions, tournons et sautons.

TOUS.

Oui, sautons !

LE SOLEIL.

Tournons comme des tontons !.

LA VIGNE.

Pleurnicher lorsqu'on se quitte.

LA COMÈTE.

Est banal.

TOUS

Est banal !

ZODIAQUE,

Pour changer ça faisons vite

LE SOLEIL.

Bacchanal...

TOUS.

Bacchanal ! (4 *fois.*)

REPRISE.

Au vin tout en faisant fête
Rions, dansons et chantons } *bis.*
Pour cacher à la Comète
Ce qu'ici nous ressentons
Livrons-nous, à la danse à la danse,
Avec véhémence
Rions, tournons et sautons ;
Livrons-nous à la danse, à la danse,
Avec véhémence
Tournons comme des tontons !...
Au vin, tout en faisant fête,
Rions, dansons et chantons } *bis.*
Pour cacher à la Comète
Ce qu'ici nous ressentons !

(Tout le monde danse. — Le chariot se met en marche. — Tableau très-animé éclairé par la lumière électrique. — Le rideau baisse. — On frappe, le public ne sort pas.)

Troisième Tableau

INJUSTICES ET ABUS

Dans la salle.

SCÈNE PREMIÈRE.

GRELUCHARD, L'OUVREUSE.
UN SPECTATEUR.

L'OUVREUSE, *entrant accompagné de Greluchard.* Par ici, monsieur, le fauteuil 43 est libre, vous pouvez le prendre.

GRELUCHARD, *entrant.* Mais, Madame, l'administration ne m'a donné qu'un strapontin. Je ne vois pas pourquoi j'irais m'installer sur un fauteuil.

L'OUVREUSE. Ça ne fait rien, monsieur, l'inspecteur de la salle vient de me dire de garnir les fauteuils vides, vous serez beaucoup mieux-là... (*elle le lui indique.*)

GRELUCHARD. Il ne s'agit pas de savoir si je serai bien ou mal !.. on m'a donné un strapontin... Je demande mon strapontin ! Où est mon strapontin ?

L'OUVREUSE. Contre la porte là-bas... dans un courant d'air très-dangereux ! — L'inspecteur y a placé sa belle-mère.

GRELUCHARD, *allant s'asseoir.* Alors je ne dis plus rien ! Si mon strapontin est pris, c'est différent... Seulement ce n'est pas régulier... et ce qui n'est pas régulier est une injustice, ou un abus (*A un spectateur placé à côté de lui et qui lit un journal.*) Êtes-vous de mon avis, Monsieur ! (*Le monsieur ne répond pas.*)

L'OUVREUSE, *lui tendant un programme.* Voulez-vous un programme ?

GRELUCHARD. Le programme ! En voilà encore un abus ?

L'OUVREUSE. Comment un abus ?

GRELUCHARD. Oui, un abus... et je le prouve... Quand, par exemple, on va voir jouer une pièce historique. Je ne parle pas de la *Famille Trouillat*. Mettons la *Jeunesse du roi Henri*, on finit par se persuader que ce sont les véritables personnages qui agissent et l'on s'intéresse à la pièce ; mais si, par hasard, vos yeux se portent sur le programme et que vous lisiez les noms des acteurs... alors tout est fini ! Du moment que vous savez que ce n'est pas le véritable Henri IV qui joue son rôle... il n'y a plus d'illusions possibles. (*Au spectateur placé à côté de lui.*) Êtes-vous de mon avis, Monsieur ?

LE SPECTATEUR, *très-froidement*. Monsieur, je vous prie de me laisser tranquille.

GRELUCHARD. Je vous demande pardon, Monsieur, mais...

LE SPECTATEUR, *même jeu*. Il n'y a pas de mais. Voilà deux fois que vous m'interpellez et je ne suis pas ici pour vous donner la réplique.

GRELUCHARD, *vexé*. La réplique.

LE SPECTATEUR. Parfaitement... Si vous avez une scène à jouer dans la salle, jouez-là... seulement je vous prie de l'interpréter tout seul !... (*Il continue à lire son journal.*)

GRELUCHARD. Mais, Monsieur, vous pataugez dans une erreur déplorable ! Je ne suis pas du tout ce que vous croyez.

LE SPECTATEUR, *haussant les épaules*. Allons donc !

GRELUCHARD. Il n'y a pas d'allons donc !... Je me nomme Greluchard... je suis le monsieur qui envoie tous les jours une lettre au *Figaro* pour signaler les injustices et les abus !... voilà tout.

LE SPECTATEUR. Sérieusement ?

GRELUCHARD. Sérieusement ! oui, Monsieur ! Et si je suis venu ce soir ici... c'est que je sais parfaitement que dans toutes les revues il y a une scène dans la salle et que mon intention est de signaler ce genre d'intermèdes comme un de nos abus les plus révoltants.

LE SPECTATEUR. Oh ! pour ça... je serai.. complétement de votre avis.

GRELUCHARD. Voilà trente ans que nous voyons continuellement la même scène et que nous subissons la même plaisanterie.

LE SPECTATEUR. Si ça changeait encore...

GRELUCHARD. Le malheur... c'est que ça ne change jamais !.. Un imbécile entre dans la salle.

LE SPECTATEUR. Il se dispute avec l'ouvreuse.

GRELUCHARD. Il se dispute avec l'ouvreuse, et il débite les mêmes bêtises et les mêmes calembours, jusqu'au moment où le régisseur en frappant ses trois coups prévient que le décor est posé et qu'il peut se retirer.

LE SPECTATEUR. C'est un abus.

GRELUCHARD. Un abus et une injustice ! Je vous demande un peu s'il n'y aurait pas mille moyens de retenir le public pendant un changement...

LE SPECTATEUR. Si l'on voulait, on n'aurait que l'embarras du choix !... Ainsi, par exemple : je ne sais pas si vous avez remarqué, mais il y a ici un orchestre excellent.

GRELUCHARD. Excellent !.. je l'ai remarqué.

LE SPECTATEUR. Eh bien !.. Est-ce que vous croyez que les spectateurs s'en iraient si dans un entr'acte on faisait exécuter la partition complète de *la Belle au bois dormant* ?

GRELUCHARD. Ils ne s'en iraient pas, Monsieur... ils s'endormiraient. (*En ce moment on entend crier un enfant au balcon. On voit une nourrice qui entre.*)

LE SPECTATEUR, *regardant*. Comment une nourrice et son enfant dans la salle ?

GRELUCHARD. Où ça, Monsieur, je suis myope.

LE SPECTATEUR. Au balcon, là... là. (*Il indique.*)

GRELUCHARD, *prenant sa lorgnette*. Mais c'est intolérable. On n'a jamais vu chose pareille et je vais m'empresser de signaler cet abus... au *Figaro* ! où est-elle cette nourrice ?

SCÈNE II

LES MÊMES, GERTRUDE.

GERTRUDE, *en nourrice, au balcon*. Me v'là, m'sieu Greluchard. (*Elle se lève.*)

GRELUCHARD. Gertrude !... avec mon fils dans un théâtre, qu'est-ce que ça signifie ?

GERTRUDE. Pardine !... ça signifie que Madame désirait probablement rester seule chez elle, et qu'elle s'est débarrassée de moi en m'envoyant ici !

GRELUCHARD. Ma femme désirait rester seule !... Pourquoi ça !

GERTRUDE. Allez-y demander donc ! Seulement au lieu de signaler les abus qui se commettent ailleurs, vous feriez rudement mieux de vous occuper de ceux qui se font chez vous.

GRELUCHARD. Il se commet des abus chez moi.

GERTRUDE. C'est-à-dire qu'ils fourmillent !. D'abord et d'une... tous les matins vous me faites frotter et reluire vos rhumatismes, et je suis pas entrée chez vous pour ça...

GRELUCHARD. Gertrude !...

GERTRUDE. Et votre perruque... est-ce que c'est moi qui devrais vous la mettre ? Est-ce que ce n'est pas un abus de me forcer tous les jours à astiquer votre râtelier...

GRELUCHARD. Gertrude !...

GERTRUDE. Est-ce que c'est pas une injustice... de m'empêcher de voir mon homme sous le prétexte que je nourris votre marmot ! Ah ! pardine, s'il était aussi cassé que vous, mon homme, ça se comprendrait et comme madame, je serais enchantée de faire chambre à part ; mais il ne porte pas une perruque ; il n'a pas de rhumatisme ni de râtelier, mon homme...

GRELUCHARD, *furieux*. Gertrude ! ce que vous faites-là est un abus de confiance, je vous chasse !

GERTRUDE. Si vous croyez que je tiens à rester dans votre cassine ! mais c'est pas demain que je veux m'en aller !.. c'est tout de suite !.. et tenez voilà votre mioche ! (*Elle le jette, Greluchard le reçoit dans ses bras.*)

GRELUCHARD. Mon fils !

GERTRUDE, *sortant*. Son fils ! (*riant*.) Ah ! ah ! est-il permis à cet âge-là de se faire des illusions pareilles !.. Je vais retrouver mon homme ! (*Elle sort.*)

GRELUCHARD. Eh bien, et le biberon ! Gertrude !.. (*Donnant l'enfant au spectateur.*) Gardez-moi, mon fils, une minute, Monsieur, je vais courir après cette fille...

LE SPECTATEUR. Mais monsieur...

GRELUCHARD, *s'en allant*. Je reviens, monsieur !... je reviens !... je ne partirai pas de ce théâtre sans féliciter le directeur d'avoir supprimé l'abus de monsieur dans la salle. Je reviens, Monsieur !... je reviens. (*Il disparaît.*)

LE SPECTATEUR. Comment ! il me laisse son fils sur les bras... mais je vais le déposer au vestiaire, son fils !.. monsieur Greluchard !.. monsieur Greluchard !.. (*Il sort, on frappe les trois coups.*)

UNE NOCE SUR LES TOITS

Le théâtre représente un toit en pente douce qui descend jusqu'à l'avant-scène. Au milieu du toit, une fenêtre dite à tabatière. A gauche, un petit belvédère avec fenêtre, et dont la partie supérieure est en plate-forme. La fenêtre, face au public, donne elle-même sur la gouttière. Sur la faîte du toit une grosse cheminée. Au lointain la cime des maisons voisines en perspective. Au lever du rideau il fait presque nuit.

SCÈNE PREMIÈRE

BAPTISTE, puis CHANDERLOT

Baptiste sur la plate-forme, regarde dans un télescope qui plonge dans la rue, pendant qu'on entend chanter le chœur suivant avec accompagnement de verres.

CHŒUR

Air connu :

Digue, digue et digue din don
Quand on se marie
Il faut qu'on rie !
Digue, digue et digue din don
Eh allez donc,
Oui, trémoussons-nous donc !

(*On entend les bravos et les cris de : Vive le marié ! vive la mariée ! poussés par les invités de la noce. Sur la fin du chœur, Baptiste envoie des baisers frénétiques dans la direction où se trouve braqué son télescope.*)

CHANDERLOT, *paraissant à la croisée de gauche, une serviette à la boutonnière, et parlant à la cantonade*. Ne vous dérangez pas, Vernouillet !... Je vais m'informer si votre comète est visible. (*Passant sa tête par la croisée.*) Baptiste, est-ce qu'elle est visible ?

BAPTISTE, *sur le toit*. Parfaitement visible, M. Chanderlot !

CHANDERLOT. Et plus grosse qu'hier au soir.

BAPTISTE. Ah ! pour ça, je peux pas vous le dire... elle n'a pas encore enlevé son corset.

CHANDERLOT. Son corset !... De qui parlez-vous donc ?

BAPTISTE. De la pâtissière d'en face, que je guigne depuis huit jours avec le télescope à monsieur. (*Il la lorgne.*)

CHANDERLOT. Comment, votre maître vous a placé là pour découvrir des astres, et vous découvrez des pâtissières.

BAPTISTE. Oh ! celle-là se découvre bien toute seule ! Tenez, la voilà qui enlève sa camisole ! Bougez pas, je vais la guigner.

CHANDERLOT. Elle enlève sa... je vais la guigner aussi moi. (*Il monte le toit en se dirigeant vers la plate-forme.*)

BAPTISTE. Trop tard ! papa Chanderlot, elle vient de souffler sa bougie ! Bonsoir, ange de mes rêves... Bonsoir Euphémie. (*Il envoie des baisers au lointain.*)

CHANDERLOT. Euphémie ? Vous la connaissez-donc ?

BAPTISTE. J'ai fait sa connaissance avec le télescope à monsieur... Je l'ai guignée, en l'absence de son mari... elle m'a guigné... nous nous sommes guignés réciproquement, et hier au soir, elle est venue ici.

CHANDERLOT. La pâtissière est montée sur le toit ?

BAPTISTE. Pour voir la comète... oui, m'sieu Chanderlot !... même qu'en souvenir de son ascension elle a inscrit son nom là... à côté du mien. (*Il montre un gros tuyau à gauche, sur lequel on voit une inscription à la craie, lisant.*) Uphémie Barbillon.

CHANDERLOT. Mais Baptiste ! les télescopes

n'ont pas été inventés pour reluquer les femmes.

BAPTISTE. Erreur, M. Chanderlot, erreur !

AIR : *Je le conserve pour ma femme.*
Le télescope est d'un secours puissant
Pour observer une beauté plastique,
Et j'ai souvent du verre grossissant
Apprécié le pouvoir fantastique.
Cet instrument est un des mieux conçus,
Son inventeur est, je crois, sans reproche.
C'qu'on voit là-d'dans paraît des plus cossus ..
Et l'on croirait qu'on va mettr' la main d'ssus...
C'est étonnant comm' ça rapproche ! (*bis.*)
(*A la fin du couplet, on entend crier : Le marié !
le marié ! sur le rhythme des Lampions.*)

SCÈNE II.

LES MÊMES, VERNOUILLET, puis
CORNAVIN

VERNOUILLET, *en habit de marié, paraissant à la fenêtre de gauche.* Puisque je vous dis que je vais revenir ! (*Il grimpe sur le toit.*)

BAPTISTE. Tiens, voilà monsieur.

CHANDERLOT. Le repas est donc terminé ?

VERNOUILLET, *grimpant.* Pas encore ! Mais, ma foi, comme je n'y tenais plus et que vous ne reveniez pas, j'ai lâché ma noce pour venir contempler ma comète.

CHANDERLOT. Vous y tenez donc bien à votre comète ?

VERNOUILLET. Mais vous ne savez donc pas que c'est moi qui, le premier, l'ai découverte à travers les nébulosités qui l'entouraient... et vous osez me demander si j'y tiens ?

AIR *connu :*
Avez-vous vu dans Barcelone
Un Andalou au teint cuivré.
Qui roucoule et qui papillonne
Par une sombre nuit d'automne,
En pensant à l'être adoré ?
Quand la belle lui fait risette,
Son cœur boudit ; il est heureux ;
Eh bien, moi, j'en perdrai la tête :
Quand je regarde ma comète
Je suis encor plus amoureux.

ENSEMBLE
Il est encor plus amoureux !

VERNOUILLET
Demandez au soleil qni brille
De rester fixe à l'horizon ;
Demandez au vin qui pétille,
Lorsque sa mousse s'éparpille,
De retourner dans sa prison.
Demandez à votre portière
D'être discrète un seul instant...
Vous obtiendrez cela, j'espère.
Plus aisément que de me faire
Quitter l'astre que j'aime tant.

ENSEMBLE
Quitter l'astre qu'il aime tant !..

VERNOUILLET, *s'adressant à la comète.*
O comète resplendissante,
Je ne vis que pour toi, tu vois.
Souviens-toi que pour toi je chante
Sur ce toit, tout en toi m'enchante,
J'aime à le crier sur les toits !..

REPRISE EN CHŒUR
O comète resplendissante,
Il ne vit que pour toi, tu vois.
C'est pour toi, souviens-toi, qu'il chante
etc , etc.

CORNAVIN, *paraissant à la croisée de gauche*
M'sieu Vernouillet ! le notaire vient d'arriver.

VERNOUILLET. Très-bien, faites-le monter.

CORNAVIN. Et les témoins ?

VERNOUILLET. Les témoins aussi !

(*Cornavin disparaît.*)

SCÈNE III

LES MÊMES, *moins* CORNAVIN

CHANDERLOT. On n'a pas idée de ça !.. Vous voulez que le notaire vienne ici.

VERNOUILLET, *posant son dialogue.* Mon cher monsieur Chanderlot, vous savez qu'en me mariant j'apporte en dot à votre sœur la comète que j'ai découverte ; or, comme il était indispensable que le notaire la vît avant de la coucher sur le contrat, d'un commun accord nous avons retardé la signature jus-

qu'au jour où la susdite comète devait apparaître dans toute sa splendeur...

BAPTISTE. Et comme ce jour-là arrive cette nuit.

VERNOUILLET. Et que la cérémonie nuptiale a eu lieu ce matin, on va parapher ce soir ce que l'usage est de signer auparavant. (*A Baptiste.*) Dites à mes invités de monter.

CHANDERLOT. C'est insensé !..

BAPTISTE, *criant dans un tuyau de cheminée.* Mesdames et messieurs, M. Vernouillet vous demande.

CHANDERLOT. Et dire que tout ça, c'est la faute à la comète ! Gredine de comète. (*On entend des rires et du bruit dans la coulisse.*)

BAPTISTE. Vos invités ont entendu..., les v'là tous qui arrivent. Qu'est-ce qu'il faut en faire.

VERNOUILLET. Il faut les annoncer.... Et vous, mon cher beau-frère, faites-moi le plaisir d'offrir la main aux dames.

SCÈNE IV

LES MÊMES, MONSIEUR ET MADAME CORNAVIN, MONSIEUR ET MADAME BARIGOUL, MONSIEUR ET MADAME GARGAMEL, TOTO, *puis* SÉRAPHINE.

ENSEMBLE.
AIR *des Cent Vierges.*
Dussions-nous nous flanquer par terre,
Grimpons sur ce toit,
Quoique très-étroit.
Nous donnons raison au notaire,
C'est par trop languir,
Il faut en finir.

(*L'orchestre continue le chœur en sourdine.*)

BAPTISTE, *annonçant à mesure que les invités passent par la croisée pour monter sur le toit.* Monsieur et madame Cornavin.

CHANDERLOT. (*Il aide madame Cornavin à monter.* Belle dame.

BAPTISTE, *même jeu.* Monsieur et madame Barigoul.

VERNOUILLET. Ma chère tante... (*Il lui offre la main.*)

BAPTISTE. Monsieur et madame Gargamel... Monsieur Toto Gargamel.

TOTO. C'est y ici qu'on va tirer le feu d'artifice, monsieur ?

GARGAMEL. Faites pas attention, domestique... : Il a acheté un paquet de pétards pour la noce et il voudrait les faire partir.

TOTO. J'ai acheté un soleil aussi... le voilà. (*Il le montre.*)

Séraphine en mariée, paraissant à la croisée.

BAPTISTE, *annonçant.* La mariée.

TOUS. Ah !... (*Elle est en robe blanche, et porte une couronne de fleurs d'oranger.*)

VERNOUILLET, *allant au devant.* Comment, Séraphine, vous aussi ?

SÉRAPHINE. Est-ce qu'il va falloir arpenter ces tuiles pour arriver à votre observatoire ?

MADAME CORNAVIN. En passant par la rigole, il n'y a pas le moindre danger.

SÉRAPHINE, *très-gaie.* Vous voulez que je rigole, je veux bien rigoler.
(*On fait la chaîne pour donner la main à Séraphine.*)

TOUS, Oh ! bisse !...

SÉRAPHINE, *au faîte du toit.* Ça y est !... Je demande à m'asseoir près de mon époux... où est mon unique époux. (*Elle va s'asseoir près de Vernouillet.*)

BAPTISTE. Moi, je vais chercher le notaire. (*Il disparaît par la mansarde.*)

SCÈNE V

LES MÊMES, *moins* BAPTISTE.

GARGAMEL. Dites-donc, Cornavin, si j'avais été femme, je n'aurais jamais voulu épouser un astronome.

MADAME BARIGOUL. Pourquoi ça ?...

GARGAMEL. Parce qu'un astronome... ça voit plus facilement que les autres ce qui se passe au-dessus de sa tête.

TOUS, *riant.* Ah ! ah ! charmant !

BARIGOUL. Et puis, ces gens-là, ça bavarde toujours, c'est des gens à ragots...

CORNAVIN. Arago ! C'est très-bien... c'est un mot...

BARIGOUL. Je savais bien qu'en le faisant... vous le verriez.

CORNAVIN *et* GARGAMEL. Leverrier ! Ah ! (*En se bousculant ils déboulinent tous les trois. On entend un bruit de carreaux cassés.*)

BARIGOUL. Cré nom !... j'ai peur d'avoir précipité une tuile dans la rue !

TOUS. Une tuile !

TOUS.
AIR *nouveau de Patusset.*
Ah ! quelle tuile ! (*bis*).
Attention ! Gar' là-dessous !...
Si la tuile
Est fragile
Son choc est loin d'être doux.
BARIGOUL.
Tous les ans, cruel déboire,
Mon épous' me rend papa...
Et pourtant, vous pouvez m'croire,
Je n' fais pas grand chos' pour ça.
Ah! quell' tuile ! (*bis*).
REPRISE.
VERNOUILLET,
Un matin ! oh ! folle ivresse !
On sonn', vous allez ouvrir,
Vous attendiez un' jeunesse,
C'est l'huissier qui vient saisir,
Ah ! quell' tuile !
REPRISE.
CHAUDERLOT.
Pour la r'conduire à sa d'meure,
Près d'un' femm' je m'obstinais...
J' m'aperçus, au bout d'une heure,
Qu' c'était la mienn' que j' suivais.
Ah ! quell' tuile.
REPRISE.
Ah ! quell' tuile,
Attention, gar' là d'ssous !
Si la tuile
Est fragile,
Son choc est loin d'être doux.

SCÈNE VI

LES MÊMES, BAPTISTE, *puis* LE NOTAIRE.

BAPTISTE, *portant deux flambeaux.* Monsieur le notaire.
(*L'orchestre joue en sourdine le chœur qui a été chanté à l'entrée de tous les invités.*)
TOUS. Ah ! (*Ils se lèvent. Le notaire orné d'un ventre énorme fait son entrée.*)

LE NOTAIRE. Messieurs... je suis, croyez-le bien, on ne peut plus flatté d'une réception qui... (*Il trébuche.*)

SÉRAPHINE. Méfiez-vous, monsieur le notaire... il y a un pas.

CHANDERLOT, *s'avançant.* Donnez-moi la main.

LE NOTAIRE, *la refusant.* Merci, monsieur, j'ai le pied marin. (*Il glisse et tombe.*)

MADAME GARGAMEL. Éclairez donc, Baptiste ! vous voyez bien que monsieur ne connaît pas l'escalier.

BAPTISTE, *lui offrant un bras.* Tenez-vous à la rampe, M. le notaire.

LE NOTAIRE. J'ai le pied marin. (*Il regrimpe encore, arrivé au milieu du toit, il dégringole jusqu'à la gouttière.*)

TOUS, *poussant un cri.* Ah !

LE NOTAIRE. Est-ce que vous n'auriez pas un balancier ? (*On lui donne le télescope. Le prenant.*) Ceci m'être fort utile... seulement, je vous déclare que je n'ai jamais lu un contrat dans des conditions pareilles.
(*La musique continue. Après des efforts inouïs, il arrive au faîte du toit.*)

TOUS, *applaudissant.* Bravo ! bravo !

VERNOUILLET, *tendant la main au notaire.* Et maintenant, m'sieu le notaire... si vous voulez bien vous donner la peine de passer sur la plate-forme.

LE NOTAIRE, *tout en passant.* Il y a des plates-formes ici ? (*Très-galant.*) Je ne m'en serais pas douté en regardant ces dames.

TOUS. Ah !

MADAME CORNAVIN. Il est très-galant ce notaire.

LE NOTAIRE. Diable ! mais il doit y avoir des courants d'air ici... Brrr...

SÉRAPHINE. Vous avez froid ?

LE NOTAIRE. Je vous assure que je n'ai pas très-chaud !

VERNOUILLET. On va apporter des petits fours, monsieur le notaire..., ça vous réchauffera.

BAPTISTE. C'est moi qui les ai commandés ! Je vais passer par la tabatière de service et aller voir s'ils arrivent. (*Il disparaît par la tabatière.*)

SCÈNE VII.

LES MÊMES, *moins* BAPTISTE.

LE NOTAIRE. Maintenant, mesdames et messieurs, je vais, si vous le voulez bien, procéder à la lecture du contrat. (*Le notaire à l'air de chercher une chaise.*) Je commence. (*Il s'assied sur la cheminée qui est derrière lui.*)

LE NOTAIRE, *lisant.* Par-devant nous, Antoine Chrysostome Chaulapin, (*Il tressaute.*) notaire à Paris, (*Même jeu.*) ont comparu, (*Il tressaute de nouveau et l'on voit un peu de fumée qui sort du tuyau sur lequel il est assis.*) Anastase (*Même jeu.*) Alexandre-César Vernouillet, astronome, d'une part. (*Même jeu.*)

CHANDERLOT. Qu'est-ce que vous avez donc, monsieur le notaire ?

LE NOTAIRE, *rabattant le col de son habit.* Je ne sais pas... mais tout à l'heure j'avais trop froid et, maintenant, j'ai trop chaud. (*Il se lève de la cheminée sur laquelle il est assis, il en sort une épaisse colonne de fumée.*)

TOUS. Qu'est-ce que c'est que ça ?

VERNOUILLET, *appelant.* Baptiste !

SCÈNE VIII

LES MÊMES, BAPTISTE, *puis* UN PATISSIER

BAPTISTE, *arrivant par la croisée avec un plateau chargé de rafraîchissements.* Monsieur.

VERNOUILLET. Vous avez donc allumé du feu ?

BAPTISTE. J'ai cru bien faire... m'sieu le notaire se plaignait du froid.

TOUS. Ah ! est-il bête !

VERNOUILLET. Vous êtes une huître.

BAPTISTE. Bien, monsieur. (*Il offre des rafraîchissements.*)

VERNOUILLET. Changez de tuyau, m'sieu le notaire.

TOUS. Oui, oui, changez de tuyau.

LE NOTAIRE. Vous voulez que je change de tuyau, je vais changer de tuyau... Seulement je vous ferai observer que je n'ai jamais lu un contrat dans des conditions pareilles. (*Il s'assied sur un autre tuyau.*)

LE PATISSIER, *entrant.* C'est-y pour ici qu'on a demandé des petits-fours.

TOUS. Oui, oui ! faites-les passer.

(*Le pâtissier glisse et tombe.*)

LE PATISSIER, *à part.* En v'là une drôle de noce !...

SÉRAPHINE, *au notaire.* Continuez, m'sieu le notaire.

LE NOTAIRE, *lisant.* Et Séraphine Chanderlot d'autre part : Lesquels ont arrêté les clauses et conditions qui suivent : article premier...

LE PATISSIER, *montant sur la plate-forme.*

Et vous, m'sieu, en voulez-vous-t-y des brioches ?

LE NOTAIRE. Plus tard, mon ami, plus tard.

LE PATISSIER, *poussant un cri.* Ah ! qu'est-ce que c'est que ça... (*Lisant.*) Uphémie Barbillon ! Ah !... (*Il laisse tomber sa manne et arrache le tuyau.*)

LE NOTAIRE. Qu'est-ce qu'il vous prend donc, mon jeune ami ?

LE PATISSIER. Le nom de ma femme à côté de celui de Baptiste.

BAPTISTE, *poussant un cri.* Le mari d'Uphémie ! ah !

LE PATISSIER. Où est-il ce pâtissier de malheur ?

TOTO, *le montrant.* Le voilà, monsieur !

LE PATISSIER. Ah ! brigand, tu ne m'échapperas pas. (*Il le bombarde à coup de brioches.*) Gardez-moi le tuyau révélateur, monsieur le notaire. (*Il enfonce le tuyau sur la tête du notaire.*)

TOUS. Ah ! ce pauvre notaire. (*Ils font la chaîne pour sortir sa tête du tuyau.*)

SCÈNE IX

LES MÊMES, *moins* BAPTISTE *et le* PATISSIER.

LE NOTAIRE, *exaspéré, et la figure toute noire.* M. Vernouillet, je vous déclare que je n'ai jamais lu un contrat dans des conditions pareilles, je me retire.

TOUS. Et nous aussi.

VERNOUILLET. Comment, vous voulez vous en aller au moment où ma comète vous inonde de sa lumière.

(*La lumière commence à envahir la scène.*)

SÉRAPHINE, *observant.* Est-ce que c'est elle qui brille comme ça ?

VERNOUILLET. Elle brillera tout à l'heure ! bien davantage, c'est aujourd'hui qu'elle doit se rapprocher le plus de la terre.

MADAME BARIGOUL. Regardez donc, on dirait qu'elle se détache du ciel.

CHANDERLOT. C'est que c'est vrai ça.

TOUS, *se jetant à plat ventre.* Ah ! la voilà.

(*On voit un petit char traîné par deux cygnes qui traverse la scène au-dessus des maisons. On y aperçoit une petite comète. A peine disparue, la nuit revient.*)

SCÈNE X

LES MÊMES, LA COMÈTE.

VERNOUILLET, *exalté.* Eh bien, l'avez-vous vue ?

SÉRAPHINE. Elle vient de mettre pied à terre sur le toit de la maison voisine.

VERNOUILLET. Elle nous a vus... elle se dirige de ce côté.

TOUS. La voici la voici !

ENSEMBLE

AIR : *En ce jour de joie.*

Salut, Comète éblouissante...
Salut, Comète bienfaisante.
Jamais beauté plus imposante
N'apparut à nos yeux surpris !...
(*La lumière revient progressivement.*)

LA COMÈTE, *paraissant à gauche.*

Si j'ai fui le céleste empire,
C'est que votre gaîté m'attire,
Ce n'est qu'à Paris qu'on sait rire.
La Comète veut voir Paris.

(*La lumière électrique inonde le théâtre. La Comète étend sa baguette. Le mur s'abat et lui sert de pont pour arriver jusqu'à la noce.*)

REPRISE.

(*Pendant qu'elle avance sur le toit.*)

Salut, Comète éblouissante.
Etc.

LA COMÈTE, *à Vernouillet.* Tu ne t'attendais pas à ma visite, n'est-ce pas.

VERNOUILLET. Certes ! je n'espérais pas un bonheur aussi grand.

LA COMÈTE. Je passais près de la terre !...

ma première visite ne devait-elle pas être pour celui qui m'a découverte le premier.

VERNOUILLET. Vous êtes charmante.

SÉRAPHINE. Regardez donc, mon frère, il lui embrasse les mains.

CHANDERLOT. Eh ben, qu'est-ce que ça prouve ? Est-ce que tu crains que ton mari se commette avec une autre.

LA COMÈTE, *à Vernouillet.* Tu as été le premier à m'apercevoir, tu dois être le premier à me montrer Paris et si Paris me plaît je me fixerai près de toi ! hésiterais-tu ?

VERNOUILLET. Moi, hésiter ?... Vous savez bien que je vous appartiens corps et âme !

LA COMÈTE. Eh bien, en route alors.

(*La cheminée du fond se transforme en ascenseur.*)

CHANDERLOT. Comment, il s'en va !

VERNOUILLET, *sur l'ascenseur.* La science avant tout.

(*Il disparaît avec la comète. La nuit se fait. Tohu-bohu général.*)

SCÈNE XI

LES MÊMES, *moins* VERNOUILLET *et* LA COMÈTE, *puis* UN POMPIER.

CHANDERLOT. Il s'en va par la cheminée. (*Criant.*) Vernouillet, vous n'êtes qu'un Savoyard.

GARGAMEL. Un fumiste.

MADAME GARGAMEL. Où est donc passé Toto, (*Criant.*) Toto !

TOTO. Je suis là, maman, je viens de préparer mon feu d'artifice ! Attention ! (*Il fait partir des pétards.*)

CHANDERLOT. Mais il va faire sauter la maison, ce crapaud-là.

PLUSIEURS VOIX, *dans la coulisse.* Au feu ! au feu !

(*Toto allume une flamme de Bengale.*)

CHANDERLOT, *allant à sa sœur qui a des attaques de nerfs.* Ma sœur qui se trouve mal. (*Criant.*) Baptiste, de l'eau.

TOUS. Oui, oui, de l'eau !

BAPTISTE. On vous en apporte ! V'là les pompiers.

TOUS. Les pompiers, ah !

(*Les pompiers paraissent sur le toit.*)

TOTO. V'là le bouquet ! (*Il allume une nouvelle flamme de Bengale. Le notaire, en cherchant à éviter les pompiers qui aspergent la noce, tombe dans la tabatière et disparaît. Le Soleil éclate, le toit s'embrase. Bousculade générale. Tableau.*)

ENSEMBLE.

Ah ! quell' tuile ! (*bis.*)
Attention, gar'-la d'ssous.
Etc., etc.
(*Le rideau baisse.*)

DEUXIÈME ACTE

Cinquième Tableau

L'EXPOSITION DES INSECTES

A gauche, premier plan, une ruche d'abeilles. A droite, même plan, la buvette de l'exposition, avec tables et chaises au dehors. Au fond, à gauche et un peu en oblique, l'entrée de l'orangerie du jardin des Tuileries avec drapeaux et trophées. Au-dessus, on lit : Exposition des insectes. Au fond, les arbres et les statues en perspective.

SCÈNE PREMIÈRE.

SIX ABEILLES, *puis* LA REINE DES ABEILLES.

Au lever du rideau les abeilles courent çà et là et posent des guirlandes de fleurs à l'entrée de l'exposition.

CHŒUR

AIR : *Allons admirer les merveilles.*
C'est nous qui sommes les abeilles,
C'est nous d'abord qu'on aperçoit !
Dans le jardin, c'est nous qu'on voit
Courir sur les treilles
Nous accomplissons des merveilles...
Nous sommes reines de l'endroit.

C'est nous qui sommes les abeilles...
C'est nous d'abord qu'on aperçoit.
(Bourdonnement général en reprenant le motif de l'ensemble.)

PREMIÈRE ABEILLE. Là ! voilà qui est fini.

DEUXIÈME ABEILLE. La toilette du jardin est faite !

TROISIÈME ABEILLE. La reine des abeilles peut venir... elle n'aura rien à nous reprocher.

TOUTES, *écoutant.* Un bourdonnement.

QUATRIÈME ABEILLE. Celui de notre reine !

SIXIÈME ABEILLE. Je le reconnais.

TOUTES. Notre reine, déjà !

CINQUIÈME ABEILLE, *regardant à gauche.* Elle se dirige de ce côté.

SIXIÈME ABEILLE. La voici ! (*La reine fait son entrée.*)

CHŒUR
Air : *Litzchen et Frischen.*
Notre souveraine
Vient au rendez-vous,
Saluons la reine
Qui veille sur nous.
Chantons, c'est l'usage,
Mais, sans voltiger
Et sur son passage
Sachons nous ranger.

LA REINE. Trêve d'étiquette, Mesdemoiselles... et faites-moi plutôt le plaisir de me dire ce qui vous reste à faire.

TOUTES. Absolument rien !..

LA REINE. Comment rien !..

PREMIÈRE ABEILLE. Tout est en ordre.

DEUXIÈME ABEILLE. Les guirlandes sont posées.

TROISIÈME ABEILLE. Et l'on peut enfin ouvrir les portes au public.

LA REINE, *riant.* Il ne fallait pas vous dépêcher autant.

QUATRIÈME ABEILLE. Est-ce bien la reine des abeilles qui parle ainsi ?

LA REINE. Nous voyons si peu de monde.

CINQUIÈME ABEILLE. Notre reine voudrait-elle insinuer par là que l'exposition des insectes est un four ?

LA REINE. Ce n'est pas un four... C'est une dérision !

SIXIÈME ABEILLE. Une dérision !

LA REINE. Évidemment !.. Une exposition d'insectes devrait au moins avoir... un côté... piquant... et la nôtre ne pique même pas la curiosité.

Air : *de Saltarello.*
Cette exposition bizarre
N'est pas sans avoir quelque attrait ;
Et cependant, je le déclare :
Elle n'a fait
Aucun effet.

On croyait, parmi nos merveilles,
Trouver des hannetons savants,
Des papillons, des perce-oreilles...
Surtout, des insectes... vivants.
Or, voyez la supercherie
Les sujets sont éparpillés,
Et devant eux, chacun s'écrie :
Tiens, mais ils sont tous empaillés !
Jamais nous ne voyons personne
Se gratter en sortant d'ici...
Monsieur Vicat, que ça chiffonne
En éprouve un très-grand souci.
Vainement, on voudrait attendre
L'heureux instant où, de dépit,
Un frais minois s'exerce à prendre
Une puce... en flagrant délit ;
On a beau suivre avec astuce
Toutes les dames pas à pas...
L'instant de la... chasse à la puce
Trois fois hélas, n'arrive pas,
Pas moyen que l'on s'effarouche ;
Pas le moindre petit bourdon,
Pas la moindre petite mouche,
Pas le moindre petit frelon !
Pourtant devant ce qu'on expose,
Si le public pousse un... holà !
En revanche il voit mainte chose
Qu'il ne pensait pas trouver là.
Chez nous on vend du pain d'épice,
Des faulx,
Des oiseaux,
Des tableaux,
Du savon, de l'eau de mélisse,
Des brocs,

Des pruneaux,
Des couteaux.
Bref, je me crois des moins suspectes,
En affirmant qu'ici, ma foi,
On ne peut voir, en fait d'insectes
Que ceux qu'on apporte sur soi !

REPRISE
Cette exposition bizarre, etc., etc.

On entend dans la coulisse la voix de Chanderlot, qui crie : Par ici, vous autres, par ici !

TOUTES. Qu'est-ce que c'est que ça ?..

CINQUIÈME ABEILLE. Une noce tout entière qui passe au tourniquet.

TOUTES. Une noce !..

LA REINE. Sans doute des disciples d'*Épicure* !

SIXIÈME ABEILLE. Ils viennent tous par ici !

PREMIÈRE ABEILLE. Alors, il n'est que temps de rentrer dans nos ruches.

LA REINE. Moi, je vais donner un dernier coup d'œil à l'exposition... et m'apprêter à recevoir nos visiteurs.

TOUTES. C'est ça ! c'est ça.

REPRISE
C'est nous qui sommes les Abeilles,
Etc., etc.

(*Les abeilles disparaissent.*)

SCÈNE II.

CHANDERLOT, CORNAVIN, BARIGOUL, GARGAMEL, Mᵐᵉ CORNAVIN, Mᵐᵉ BARIGOUL, Mᵐᵉ GARGAMEL, TOTO, *puis le* NOTAIRE *et* SÉRAPHINE.

CHANDERLOT, *entrant.* Par ici, les amis... nous v'là arrivés !.. (*La noce entre.*)

CORNAVIN. Eh ben... 'ous-ce qu'est donc la mariée.

SÉRAPHINE, *entrant.* La mariée !... Ne vous inquiétez pas !.. M. le notaire l'a prise sous son aile protectrice.

LE NOTAIRE, *l'accompagnant.* La pêche n'a-t-elle pas besoin d'un espalier, le lierre d'un ormeau et la rose d'un tuteur.

TOUS. Ah ! charmant !

BARIGOUL. Dites donc, Chanderlot, est-ce que vous croyez... que nous le rencontrerons à l'exposition des insectes votre Vernouillet ?..

CHANDERLOT. C'est certain ! Seulement il n'est pas sûr qu'il consente à nous suivre.

LE NOTAIRE. Rappelez-vous, belle dame, que la Comète a juré de se fixer près de lui, si les actualités parisiennes lui plaisaient.

GARGAMEL. Et elles lui plairont.

TOUS. C'est évident.

CHANDERLOT. A moins que... (*Poussant un cri.*) Oh !..

TOUS. Quoi donc ?

CHANDERLOT. J'ai trouvé un moyen... pour que les actualités ne lui plaisent pas ! (*Riant*) Ah ! Ah ! il est bête comme tout mon moyen !..

TOUS. Voyons !...

CHANDERLOT. C'est de nous déguiser comme les acteurs d'une revue... et de représenter chacun une des actualités de l'année !

TOUS, *riant.* Ah ! ah ! en voilà une farce.

CHANDERLOT. Ainsi transformés nous faisons le plus de misères possible à ce brigand de Vernouillet, et nous forçons cette intrigante de Comète à remonter dans le firmament.

TOUS. Bravo !..

SÉRAPHINE. Vous acceptez !

TOUS. Oui... oui !..

SÉRAPHINE. Vous aussi, M. le notaire.

LE NOTAIRE. Il n'est peut-être pas très-convenable... à un officier ministériel de se livrer à des excentricités semblables...

SÉRAPHINE. Puisqu'on ne vous reconnaîtra pas, la chambre des notaires n'en saura rien.

Air : *Des chevaliers de la table ronde.*
Allons mon petit Chaulapin,
Par moi laissez-vous donc séduire...
Mon mari n'est qu'un galopin...
Ayez pitié de mon martyre,
Vous serez, en suivant mes pas,
Le plus aimable des notaires
Et peut-être n'aurez vous pas,
A vous plaindre des honoraires.

LE NOTAIRE. Ce couplet me décide, mais où trouverons-nous notre premier travestissement

CHANDERLOT. Ici à l'exposition des insectes.

TOUS. Oui... oui, entrons.

CHŒUR
AIR CONNU.
Allons-nous en gens de la noce.
Allons mûrir notre projet.
Il faut nous flanquer une bosse,
Mais, aux dépens de Vernouillet.
(*Ils entrent tous dans l'orangerie.*)

SCÈNE III
UN GARÇON DE CAFÉ, *puis* MADAME GRELUCHARD.

LE GARÇON, *un instant seul.* Ils entrent aux insectes sans venir consommer !... Et moi qui m'étais mis garçon de café à cause des pourboires... Depuis ce matin que je suis entré à la buvette de l'Exposition, je n'ai pas seulement étrenné... Malheur, va ! (*Il frotte une table avec rage.*)

MADAME GRELUCHARD, *entrant.* Anatole m'a donné rendez-vous ici à dix heures... Il ne tardera pas à arriver ; je vais m'asseoir là en l'attendant. (*Appelant.*) Garçon !... (*Elle s'asseoit.*)

LE GARÇON. Madame désire ?

MADAME GRELUCHARD. Un soda !

LE GARÇON. Impossible, madame. La nouvelle ordonnance s'y oppose.

MADAME GRELUCHARD, *se levant.* La nouvelle ordonnance s'oppose à ce que vous me serviez un soda ?

LE GARÇON. Non, madame !.. Seulement elle s'oppose à ce qu'on serve les dames seules à la porte d'un café.

MADAME GRELUCHARD. Mais alors... si une dame a soif... comment doit-elle s'y prendre ?

LE GARÇON. Elle prie le premier venu qui passe de l'accompagner au café... et ils trinquent.

MADAME GRELUCHARD, *contrariée.* J'avais donné rendez-vous à quelqu'un ici... Où vais-je l'attendre ?...

LE GARÇON, *se redressant.* Sous la veste d'un garçon de café, il y a un homme du monde, madame ! (*Il ôte son tablier.*)

MADAME GRELUCHARD. Je ne vous comprends pas...

LE GARÇON. Je vais retirer mon tablier et boire un bock, à côté de vous !... Comme ça vous ne serez plus seule... (*Appelant.*) Garçon !

MADAME GRELUCHARD. C'est inutile ; je me retire !

LE GARÇON. Vous n'êtes donc pas une cocotte ?...

MADAME GRELUCHARD. Une cocotte !... Insolent... (*Elle lui flanque un soufflet.*)

LE GARÇON. Enfin ! j'ai étrenné !...

ENSEMBLE.
AIR : *Saute, saute, coup' ta tête.*
C'est horrible, épouvantable,
Jamais on n'a vu cela !..
C'est une chose incroyable
Qui vient de m'arriver là !..   } (bis)

SCÈNE IV.
LES MÊMES, VERNOUILLET ET LA COMÈTE, *puis* UN GANDIN.

LA COMÈTE, *entrant.* Une dispute !..

VERNOUILLET. Que se passe-t-il donc ?...

LE GARÇON. C'est madame qui...

MADAME GRELUCHARD. Refuser de me servir sous prétexte que j'étais seule, comprenez-vous ça ?

LE GARÇON. Puisque c'est la nouvelle ordonnance...

VERNOUILLET. Ce garçon a raison, madame; mais si vous le permettez, je me ferai un véritable plaisir de vous tenir compagnie.

LA COMÈTE. Sans doute.

MADAME GRELUCHARD. Je vous remercie mille fois, monsieur!... Voici justement la personne que j'attendais. (Elle désigne un gandin qui vient d'entrer.) C'est mon cousin. (Elle lui prend le bras.)

LE GARÇON. Son cousin? Oh! la! la!

LE GANDIN. Garçon, vous nous donnerez deux grenadines? (Ils s'installent à la porte du café.)

LE GARÇON, sortant. Boum!...

VERNOUILLET. Eh bien! ma chère Comète, Paris commence-t-il à vous plaire?

LA COMÈTE. Je dois l'avouer, Paris ne me déplaît pas. Mais je suis un peu désillusionnée sur le compte de ceux qui l'habitent.

VERNOUILLET. Comment cela?...

LA COMÈTE. Tous les hommes que j'ai vus jusqu'à présent sont affreux...

VERNOUILLET. Tous?...

LA COMÈTE. Toi, le premier!... Et si, de la haut, j'avais pu détailler tes traits et me rendre compte de ton âge,... il est probable que j'aurais hésité à venir te rejoindre.

VERNOUILLET. Permettez, je n'ai pas hésité à quitter ma nouvelle épouse pour vous suivre, moi,...!

LA COMÈTE. Est-ce un reproche?...

VERNOUILLET. Un reproche!... Mais vous savez bien, Comète de mes rêves, que depuis le jour où j'ai aperçu... le bout de votre petit nez rose, mon cœur vous a appartenu tout entier. Quand vous fixerez-vous près de moi?...

LA COMÈTE. Me fixer... me fixer... nous verrons cela plus tard!... Montre-moi, d'abord, les insectes dont tu m'as parlé.

VERNOUILLET. Regardez-le monsieur qui accompagne cette dame! (Désignant le gandin.) En voilà déjà un...

LA COMÈTE. Ça, un insecte!...

VERNOUILLET. Il se nomme le cousin. L'insecte le plus terrible et le plus dangereux pour la tranquillité des maris! Ces petites bêtes-là s'introduisent partout... s'insinuent dans tous les ménages, et quand on les chasse par la porte, ils reviennent par la fenêtre.

AIR : du Charlatanisme.
Le cousin est un animal
Qu'avec soin tout le monde évite...
C'est un insecte en général
Dont on redoute la visite...
Ce petit être est un tyran,
Et quand on subit sa mesure,
A le maudire on se surprend;
Mais, c'est beaucoup moins grand
Lorsqu'il ne survient pas d'enflure!

LA COMÈTE. Et la dame qui est à côté de lui?

VERNOUILLET. Une fine mouche... qui passe sa vie à aiguiser ses petites pattes, à faire sa toilette, à voltiger de droite... et de gauche, et qui ne s'inquiète en aucune façon des petits moucherons à qui elle a donné le jour...

LA COMÈTE, désignant Greluchard qui entre en lisant son journal. Et ce monsieur?...

VERNOUILLET. Le mari, probablement!... Un gros hanneton, ventru, bête, poussif... et qui ne voit pas plus loin que le bout de son nez!... Il se croit un phénix!... et on lui fait avaler les bourdes les plus saugrenues.

SCÈNE V

LES MÊMES, GRELUCHARD.

LE GARÇON, le bousculant en passant. Faites donc attention, imbécile!...

GRELUCHARD. Excusez-moi, jeune homme... je... (Reconnaissant sa femme.) Ma femme!

MADAME GRELUCHARD. Mon mari!...

LA COMÈTE. Patatras!...

VERNOUILLET. V'là ce que je craignais!...

GRELUCHARD. M'expliquerez-vous, madame, comment il se fait que je vous trouve ici... en compagnie d'un monsieur qui m'est totalement inconnu?

MADAME GRELUCHARD. Mais... à cause de la nouvelle ordonnance, mon ami; celle qui défend aux dames seules d'entrer dans un café.

LE GANDIN. C'est bien simple, madame avait envie de prendre quelque chose.

MADAME GRELUCHARD. Et monsieur s'est offert obligeamment à me tenir compagnie.

GRELUCHARD. Oh! mais alors, c'est différent!... et je vous prie d'accepter, monsieur, mes congratulations les plus distinguées.

LE GANDIN. Je les accepte, monsieur!... et maintenant, madame, permettez-moi... d'aller me livrer aux études entomologiques que j'étais venu faire ici.

GRELUCHARD. Vous êtes entomologiste, mais moi aussi, monsieur!

LE GANDIN. Vraiment!

GRELUCHARD. J'ai une collection d'hyménoptères des plus complètes... Venez donc chez moi... je vous montrerai ça!...

LE GANDIN. Je ne sais si je dois...

GRELUCHARD. Entre entomologistes!...

MADAME GRELUCHARD, bas au Gandin. Acceptez!...

LE GANDIN. Eh bien, j'accepte.

GRELUCHARD. A la bonne heure!... Offrez donc le bras à ma femme!...

LA COMÈTE. Imbécile!...

VERNOUILLET. Tous les mêmes.

GRELUCHARD, radieux. Il est charmant ce jeune homme!

ENSEMBLE.
AIR : Cocu, cocu, mon père.
Les entomologistes
Ne sont pas égoïstes,
Ensemble ils sont heureux
Et tout est commun entr'eux!

(Ils sortent par le fond. Pendant le chœur, Greluchard a payé les consommations. Le Garçon rentre dans la buvette.)

SCÈNE VI

LA COMÈTE, VERNOUILLET, puis L'AGENCE DES POULES.

VERNOUILLET. Eh bien! ma chère Comète, qu'est-ce que vous dites de tout cela?...

LA COMÈTE, riant. Je trouve que la dame a été très-forte!...

VERNOUILLET. Et le mari!...

LA COMÈTE. Oh! le mari!...

AIR : de l'apothicaire.
C'est un nigaud des plus huppés,
C'est un superbe Sganarelle,
Et de tous les maris trompés,
Je le proclame le modèle;
A l'exemple de Gavarni
Sur de tels gens on peut médire:
Car, dans cent ans, comme aujourd'hui,
Les maris feront tout leur tra...
Oui, dans cent ans, comme aujourd'hui,
Les maris feront toujours rire!

VERNOUILLET. On ne peut pas les plaindre... on dirait qu'ils le font exprès!

LA COMÈTE. Il est vrai que comme dédommagement, ils ont le proverbe pour eux, « Avoir de la chance comme un mari trompé. »

VERNOUILLET. Si monsieur Greluchard a des capitaux, il n'a qu'à les porter à l'Agence des poules... je parie qu'il les gagnera.

LA COMÈTE. Qu'est-ce que c'est que ça l'Agence des poules!...

L'AGENCE DES POULES, entrant. C'est moi, madame... ou, plutôt ce fut moi, car, je n'existe plus.

LA COMÈTE. Vous n'existez plus?

L'AGENCE. Hélas! non, madame! On m'a supprimée, rasée, anéantie!

AIR : Patati, patata.
L'gouvernement, sans crier : Gar' là d'ssous!
M'a démolie...
Ensevelie...

L'gouvernement, sans crier : Gar' là-d'ssous!
M'a tout saisi, tout, jusqu'à mes gros sous.
Pourtant mon agence des poules,
Etait une poule aux œufs d'or.
Je faisais le bonheur des foules!
L'gouvernement n'est qu'un butor!
D'puis qu'ça m'est arrivé
Je suis sur le pavé!!!

REPRISE.
L'gouvernement, sans crier : Gar' là-d'ssous!
Etc., etc.

VERNOUILLET. En un mot, on vous a forcé à plier bagage.

L'AGENCE. Il serait mieux de dire qu'on a essayé; car, moi, pas bête, je vais faire comme Protée : Pour continuer mon petit commerce à la barbe de mes alguazils, je prendrai tous les visages et toutes les formes.

VERNOUILLET. Parfaitement.

LA COMÈTE. Oui, mais pourquoi cette boîte... à plaisirs?

L'AGENCE. Le turf n'est-il pas le roi des plaisirs? Tout mon matériel est là dedans.

VERNOUILLET. C'est très-ingénieux!

L'AGENCE. Quand je vais être pincée par un sergent de ville, je remets ma petite boîte sur mon dos, j'agite ma claquette et je crie comme de plus belle : Voilà l'plaisir, mesdames!...

VERNOUILLET, continuant. Voilà l'plaisir!

LA COMÈTE. Et on n'y voit que du feu!

L'AGENCE. Comme vous le dites! Du reste, si vous voulez essayer de mon petit truc... il est très-simple et on gagne à tous les coups.

VERNOUILLET. On gagne à tous les coups?... Ça me décide, je risque quarante sous... (Il les lui donne.)

LA COMÈTE, même jeu. Je parie contre toi!...

L'AGENCE, ouvrant sa boîte. On y voit une petite piste avec deux chevaux montés par deux jockeys. Voici deux chevaux... un cheval français, et un cheval anglais,... le fameux Trent,... le vainqueur des courses de cette année.

VERNOUILLET. Alors nous allons jouer au trente et quarante.

L'AGENCE, à la Comète. Lequel prenez-vous?...

LA COMÈTE. Le cheval français, madame?

L'AGENCE, à Vernouillet. Et vous, il en reste encore un...

VERNOUILLET. Je le choisis!...

L'AGENCE. Madame a le cheval français et vous le cheval anglais! Très-bien! Je vais donner le signal, et vous les lancerez au troisième coup. (Frappant dans ses mains.) Une, deux et trois, partez!

VERNOUILLET. Partez! (Musique.)

L'AGENCE. Les voilà lancés!

VERNOUILLET. Hardi!... le cheval anglais! Hip! hip! hourrah! Je suis palpitant... Hop là! hop là!

LA COMÈTE. C'est le cheval français qui tient la corde...

VERNOUILLET. Le mien le rattrape!... il le dépasse, hip! hip! hurrah! j'ai gagné!

L'AGENCE. Voilà un franc. (Elle lui donne.)

VERNOUILLET. Comment ça, un franc!... J'ai mis quarante sous... Je gagne, et au lieu de quatre francs vous me donnez vingt sous?

L'AGENCE. Est-ce qu'il n'est pas tout naturel que je prélève un petit bénéfice pour mon matériel.

VERNOUILLET. Mais il est énorme votre bénéfice...

L'AGENCE. Je ne prends que soixante-quinze pour cent, et vous vous plaignez...

LA COMÈTE. Il y a de quoi...

VERNOUILLET. Parbleu! Je gagne et je perds encore vingt sous! C'est révoltant!

L'AGENCE. C'est cependant bien simple.

LA COMÈTE. Pas si simple que ceux que vous exploitiez.

Air *de Julie.*
Chaque pigeon que vous mettiez en cage,
Était certain d'être toujours plumé;
Assurément un pareil tripotage
Devait finir par être supprimé...
Si vous avez procuré quelques joies,
Par vous aussi combien d'argent perdu...
    Votre agenc' des poul's aurait dû   (*bis*)
    S'appeler l'agence des oies !

VERNOUILLET. C'est évident !...

L'AGENCE. V'là-t-il pas !... Pour cinq ou
six cent mille francs de bénéfice que je faisais
par an !...

LA COMÈTE. Cinq ou six cent mille francs ?

VERNOUILLET. Et elle ose le dire !... Mais
vous êtes une filoute... je vais vous faire arrêter.

L'AGENCE. Puisqu'on vous dit que c'est fait.

REPRISE
L' gouvernement, sans crier : Gar' là-d'ssous !
    M'a démolie,
        Enseveiie,
L' gouvernement, sans crier : Gar' là-d'ssous !
M'a tout saisi, tout, jusqu'à mes gros sous.

[*Elle sort en agitant sa claquette et en
criant : Voilà le plaisir des courses...
voilà le plaisir !...*]

SCÈNE VII

LA COMÈTE, VERNOUILLET, puis LA
REINE DES ABEILLES.

LA COMÈTE. Il est joli son plaisir.

VERNOUILLET, *vexé.* Je suis furieux, et si
j'avais su, je ne serais pas venu à l'exposition
des insectes. J'y serais d'autant moins venu
qu'on m'a assuré qu'il n'y avait seulement
pas la plus petite sauterelle à admirer.

LA REINE, *paraissant au fond.* Eh bien,
monsieur, celui qui vous a dit cela vous a
trompé.

LA COMÈTE. Oh ! la jolie petite abeille !

LA REINE. Il vient de m'arriver une collection des plus rares, et je vais me faire un
vrai plaisir de vous la présenter. Regardez !

SCÈNE VIII

LES MÊMES, LE NOTAIRE *en hanneton,*
SÉRAPHINE *en cigale,* CHANDERLOT
en bourdon, MADAME BARIGOUL *en
cantharide,* CORNAVIN *en sauterelle,*
MADAME CORNAVIN *en bête à Bon Dieu,*
GARGAMEL *en scarabée et* TOTO GAR-
GAMEL *en moucheron.* LES SIX ABEILLES
viennent derrière.

ENSEMBLE.
Air de Giroflé-Girofla.
C'est nous qui sommes les insectes,
Nos formes sont des plus correctes...
C'est nous qui sommes les insectes.
Nos attaques seront directes,
C'est nous qui sommes les insectes.
Nos intentions sont suspectes...
Prenez garde à nos aiguillons,
Car de vous piquer, nous brûlons...
C'est nous qui sommes les insectes...

SÉRAPHINE, *bas à la reine.* Le voilà mon
scélérat de mari.

CHANDERLOT. Il est avec c'te gredine de
Comète.

LA REINE. Taisez-vous donc... (*A la Comète.*)
Eh bien, madame, comment trouvez-vous ma
petite collection.

LA COMÈTE. Magnifique! vos insectes sont
d'une beauté et d'une grosseur rare...

VERNOUILLET. Plût-vous donc aux journaux ! Le mien m'avait assuré que l'exposition manquait absolument de sujets curieux.

LA REINE. Ceux-ci ne sont arrivés que ce
matin... Voici d'abord la cigale.

SÉRAPHINE, *à part.* Pourvu qu'il ne me
reconnaisse pas.

AIR : *Le dîner que je peux faire.*
De chansons je me régale,
Moi ! je chante tout l'été.
Mais l'hiver, pauvre cigale,
Bien souvent j'ai greloté.

CHANDERLOT.
Le gros bourdon qui bourdonne,
De bourdonner a le don;

Mais, quand le bourdon bourdonne
Chacun pardonne au bourdon.

MADAME BARIGOUL.
La cantharide n'aspire
Qu'à répandre ses bienfaits,
Est-il besoin de vous dire
Les... miracles que j'ai faits !...

CORNAVIN.
La sauterelle à la ronde
Est crainte... on sait bien pourquoi.
Pas d'usurier en ce monde
Qui dévore mieux que moi !...

GARGAMEL.
Plus riche que les licornes,
Moins bête que les maris
Le scarabée a deux cornes
Mais il n'en est pas surpris.

LE NOTAIRE.
Esprit fantasque et frivole
Moi, je suis le hanneton,
Et bien que je vole vole...
Je suis très-honnête au fond,

MADAME CORNAVIN.
Je suis coquette et mignonne;
Je me contente de peu...
Je ne fais mal à personne,
Je suis la bête à Bon Dieu,

LA REINE DES ABEILLES, *présentant Toto.*
C'est celui-ci qui nous reste
Pour fermer le bataillon;
Vu sa taille très-modeste,
On le nomme moucheron !

REPRISE.
C'est celui-ci qui nous reste
Pour fermer le bataillon.
Etc., etc.,
*Bourdonnement général autour de Vernouillet
qu'on asticote.*

VERNOUILLET. Ah çà ! est-ce que ces vilai-
nes bêtes-là ne vont pas me laisser tranquille.
(*Séraphine s'approche et le pince forte-
ment.*)

VERNOUILLET. Aïe ! aïe ! qui est-ce qui m'a
mordu comme ça.

SÉRAPHINE, *à part.* Attrape, ça mon bonhomme.

VERNOUILLET, *furieux.* Mais, ils sont in-
supportables, vos insectes. Et en fait d'expo-
sitions, je préfère celle des Champs-Élysées,
on n'est pas exposé à ces désagréments-là...

LA COMÈTE, *surprise.* Il y a une autre
exposition aux Champs-Élysées ?

LA REINE. Mais oui ! Le musée rétrospectif...
une exposition dans laquelle on voit une série
de costumes de tous les âges et de toutes les
formes... Depuis la feuille de vigne qui ha-
billait la première femme jusqu'aux toilettes
excentriques des cocodettes de nos jours.

LA COMÈTE. Ah ! mais ce doit être très-
curieux et je vais m'empresser d'y aller.

LA REINE. Ne vous dérangez pas !... Le
musée rétrospectif doit venir aujourd'hui visiter l'exposition des insectes; je l'attends
d'un instant à l'autre... (*Musique.*) Et, tenez,
justement le voici !...

SCÈNE IX.

LES MÊMES. LE MUSÉE RÉTROSPECTIF.
LE MUSÉE RÉTROSPECTIF, *entrant.*
Air : des brigands.
Attention, messieurs, mesdames,
Je suis l' musé' rétrospectif,
Je n'ai pas besoin de réclames
Mon succès est définitif.
J'ai des bijoux, j'ai des costumes
D'un goût tout à fait primitif,
Toutes les modes que nous eûmes
Se trouv'nt chez moi, c'est positif.
J'ai des merveilles sans pareilles,
D'un effet significatif,
Car, devant toutes ces merveilles,
Mon public est très-attentif.
Je puis compter à mon actif
Les défroques
De tout's les époques,
Attractif,
Surtout instructif,
Je suis l' musé' rétrospectif !

Chez moi l'on admire
La lyre
De Shakespeare,
Le violon de Paganini
Et la s'ringu' de Rossini,
On trouv' la velette
Ainsi qu'l'amulète.

Qui servir'nt à Guillaume-Tell ;
J'ai la rapièr' du grand Vatel,
Bref, l'on voit dans una galerie
Le fameux manteau de Joseph,
Et puis encore un parapluie
Qui date de Pépin... le bref !...
Venez voir ça, messieurs, mesdames,
Ce n'est pas un tableau fictif,
C'est le plus beau des amalgames
Qu'on puisse voir, c'est positif;
Si l'on m'a fait quelques réclames
    Ça n'a pas été sans motif
    Je suis l' musé' rétrospectif,
Rétrospectif ! Rétrospectif.

REPRISE.
C'est le musé' rétrospectif, etc., etc.

LA COMÈTE. Ainsi vous avez pu recueillir
tout cela.

LE MUSÉE. J'ai bien d'autres choses encore !
Voulez-vous que je fasse miroiter devant vos
yeux ma galerie des armures ;... ma galerie
historique ? Voulez-vous que je fasse défiler
devant vous tous les costumes de nos pères ;..
voulez-vous que je fasse valser, polker et
tourbillonner toutes les toilettes de nos cocottes célèbres ?

VERNOUILLET. Vous avez une galerie de
cocottes célèbres.

LE MUSÉE. Avec les costumes de leurs époques.

LA COMÈTE. Et vous pouvez faire polker
tout cela devant nous ?

VERNOUILLET. Ah ! je voudrais bien voir
cela !

LE MUSÉE. Ces demoiselles vont aller vous
les chercher. (*Il indique les Abeilles qui
disparaissent un instant.*)

SCÈNE X.

LES MÊMES, LA COCOTTE *de nos jours,* LA
MERVEILLEUSE, MANON LESCAUT,
MARION DELORME, LA BELLE FER-
RONNIÈRE, AGNÈS SOREL, FRÉDÉ-
GONDE, CLÉOPATRE.

Air nouveau de Marc Chautagne.
LE MUSÉE.
Zim la la, zim la la
Tout en dansant la polka
Zim la la, zim la la
Mon régiment va venir là.
Je vais ouvrir la série
Par la cocotte du jour,
Si vous la trouvez jolie
Vous pourrez lui faire la cour.
PREMIÈRE ABEILLE *entrant en polkant et présentant
les deux personnages.*
Zim la la, zim la la
A vos ordres nous voilà.
Zim la la, zim la la
Nous venons en grand tra la la.
LA COCOTTE DU JOUR.
Moi, je suis avec mes bottes
Et mon petit air mutin
Le vrai type des cocottes
Inventé par monsieur Grévin !...
LA MERVEILLEUSE.
Moi, je suis la merveilleuse
L'idole des financiers;
J'ai vu, chose curieuse,
Tout le Directoir' à mes pieds.
DEUXIÈME ABEILLE, *arrivant du fond et même jeu
que la première.*
Zim la la zim la la
Puisque l'on nous appela,
Zim la la, zim la la
Comme les autres nous voilà.
MANON LESCAUT.
Dans le beau pays du Tendre
J'ai livré plus d'un assaut,
Pour m'aimer il faut comprendre
C'est moi qui suis Manon Lescaut.
MARION DELORME.
Moi, j'avais un cœur énorme,
J'y logeai tous mes amants,
Je suis Marion Delorme,
J'ai vécu cent trente quatre ans.
TROISIÈME ABEILLE, *même jeu que la deuxième.*
Zim la la, zim la la
En allant de ce train-là,
Zim la la, zim la la
Au seizièm' siècle nous voilà !
LA BELLE FERRONNIÈRE.
Sur la belle Ferronnière
Chacun peut s'extasier
Je fus, dit-on, la dernière
Maîtresse de François premier.

AGNÈS SOREL.

Ma fraîcheur est sans égale,
On croirait voir un pastel.
Ma beauté fut proverbiale,
Saluez tous Agnès Sorel.

QUATRIÈME ABEILLE, *même jeu que les trois autres.*

Zim la la, zim la la,
Ce petit défilé là,
Zim la la, zim la la,
Est fort intéressant, oui dà.

FRÉDÉGONDE.

Chilpéric fut un Joconde
Que je roulai comme il faut.
C'est moi qui suis Frédégonde
La bête noire à Brunehaut.

CLÉOPATRE.

Jadis la foule idolâtre
De fleurs inondait mon char.
Place, place à Cléopâtre
La favorite de César.

LE MUSÉE.

Zim la la, zim la la,
Un point, c'est tout… et voilà.
Zim la la, zim la la,
Notre liste s'arrête là.

REPRISE, *par tout le monde.*

Zim la la, zim la la,
Un point, c'est tout… et voilà.
Etc., etc., etc.

Tout le monde polke sur la reprise.
Rumeur dans la coulisse.

LA REINE. Qu'y a-t-il?… Quel est ce bruit?…

SÉRAPHINE, *qui était au fond.* Grande reine, c'est le premier prix des insectes qui vient de s'échapper.

LA REINE. Le premier prix!…

LA COMÈTE. Qu'est-ce que c'est que ça… le premier prix?

CHANDERLOT. Une puce superbe.

SÉRAPHINE, *désignant Vernouillet.* Et comme monsieur, depuis un moment, ne fait que de se gratter… on suppose qu'elle est sur lui.

VERNOUILLET. Sur moi!…

CHANDERLOT. Il faut le déshabiller!…

TOUS LES INSECTES. Oui, oui!… il faut le déshabiller!…

VERNOUILLET. Ça m'est égal de me déshabiller… mais pas ici, nom d'un petit bonhomme… pas ici!…

TOUS. Il faut nous rendre notre premier prix. (*En le tiraillant, ils lui arrachent son habit et son pantalon. Vernouillet reste en caleçon. — Poussant un cri.*) Ah!…

SÉRAPHINE. Voilà ma vengeance… et ça n'est pas fini!

(*Grande farandole.*)
Vernouillet se sauve des insectes, qui courent après lui.—Poursuite générale.—Changement.

Sixième Tableau

LA PETITE MALLE DES INDES

Un salon élégant au Cercle fantastique. Grande porte au fond, avec une draperie noire sur laquelle est peint un Méphisto. De chaque côté de la porte, deux baies masquées par des écrans, représentant des paysages fantastiques. Portes à droite et à gauche.

SCÈNE PREMIÈRE

DEUX DÉMONS, puis LA COMÈTE. *Après le changement, deux démons, moitié diable, moitié domestique, apportent une table.*

PREMIER DÉMON. Et maintenant, introduisez les visiteurs.

DEUXIÈME DÉMON. Entrez, madame.

LA COMÈTE, *entrant.* C'est ici le Cercle fantastique?

PREMIER DÉMON. Oui, madame.

LA COMÈTE. Très-bien… Alors, prévenez le maître de céans que je désire lui parler.

DEUXIÈME DÉMON. Astaroth!… sonnez monsieur.

LA COMÈTE. Vous vous nommez Astaroth!

PREMIER DÉMON. Je m'appelle Antoine, seu-

lement le patron a trouvé que ce nom n'était pas assez fantastique, il me l'a changé.

LA COMÈTE. Je comprends ça…

PREMIER DÉMON. Je vas sonner monsieur.

(*Coup de tam-tam.*)

SCÈNE II.

LES MÊMES, LE CERCLE.

LE CERCLE, *paraissant par une trappe anglaise.* Qui m'appelle?

LA COMÈTE. La comète de 1874.

LE CERCLE. Vous demandez?

LA COMÈTE. Le Cercle fantastique.

LE CERCLE. C'est moi!…

AIR : *Il était rue Tique-tique.*

Ici tout est fantastique,
Tique, tique, saisissant,
Merveilleux, cabalistique,
Tique, tique, renversant,
Oui, tout devient fantastique,
Tique, tique, quand j'accours,
Mon public est fanatique,
Tique, tique, de mes tours;
Ma puissance fantastique,
Tique, étonne (*ter*) chaque soir.
C'est en vain que la critique,
Tique, attaque (*ter*) mon pouvoir.

REPRISE.

Sa puissance fantastique,
Tique, étonne (*ter*) chaque soir.
Etc., etc.

LE CERCLE. Et quel est le motif qui vous amène chez moi, ma chère belle?

LA COMÈTE. Je vais vous le dire; mais d'abord, je vous demanderai la permission d'introduire un compagnon de voyage.

LE CERCLE. Faites donc, je vous en prie.

LA COMÈTE, *appelant à la porte de gauche.* Vernouillet! mon petit Vernouillet!…

VERNOUILLET, *au dehors.* Me voici, belle Comète, me voici!

SCÈNE III.

LES MÊMES, VERNOUILLET.

VERNOUILLET, *entrant.* Monsieur le Cercle, j'ai bien l'honneur de vous saluer.

LE CERCLE. Et moi de même, monsieur. Vous désirez?

VERNOUILLET. Voilà ce que c'est : En passant devant votre porte, nous avons vu au-dessus : Cercle fantastique.

LE CERCLE. C'est écrit.

VERNOUILLET. Alors, nous qui sommes des malins, nous nous sommes dit : Si le Cercle fantastique s'appelle Cercle fantastique, c'est que tout ce que l'on fait chez lui est fantastique… sans cela, il n'aurait aucune raison de s'appeler…

LA COMÈTE. Cercle fantastique.

VERNOUILLET. Et nous sommes tout bonnement venus nous adresser à vous dans l'espoir que vous voudrez bien nous montrer le truc qui a fait courir tout Paris.

LA COMÈTE. La fameuse malle des Indes.

LE CERCLE. Rien de plus facile!… Seulement, celle dont vous parliez appartenait à MM. Brunnet et Robert-Houdin, je vais vous montrer la mienne.

VERNOUILLET. La vôtre?

LE CERCLE. Rassurez-vous! Celle que vous allez voir est aussi surprenante que l'autre. (*Aux deux démons.*) Allez chercher ma petite malle des Indes. (*Musique. Les deux démons sortent un instant.*) Et maintenant, je vais appeler Boule-de-Neige.

LA COMÈTE. Boule-de-Neige!

LE CERCLE. C'est mon petit groom.

(*Coup de tam-tam. Boule-de-Neige paraît. Il est en Indien. — Les démons apportent la malle.*)

PREMIER DÉMON. Voici la malle.

LE CERCLE. Très-bien… (*A Vernouillet.*) Et maintenant, assurez-vous que c'est une simple malle de voyage.

VERNOUILLET, *l'examinant et la retournant sur toutes ses faces.* Je ne vois rien…

LA COMÈTE. Moi non plus…

LE CERCLE. Vous voyez qu'elle n'est nullement préparée. Eh bien, je vais mettre mon groom dans la malle… la malle sur cette table et une fois sous clef, il s'agira de l'en faire sortir.

VERNOUILLET. Ah! je demande à voir ça.

LE CERCLE, *aux démons.* Approchez la table! Et pour que Boule-de-Neige ne se serve pas de ses mains, je vais le mettre dans un sac.

LA COMÈTE. Dans un sac!

LE CERCLE. Et de là le faire passer sous ce gobelet! (*Il désigne un gobelet que les démons ont apporté.*) Attachez l'enfant. (*On met l'enfant dans un sac.*)

VERNOUILLET. Et vous allez le mettre dans la malle… comme ça.

LA COMÈTE. Mais il va étouffer.

LE CERCLE. Ne craignez rien, il y est habitué. (*Les deux démons mettent le groom dans la malle.*) Fermez la malle et gardez-en la clef.

VERNOUILLET, *fermant la malle.* C'est fait.

LE CERCLE. Attention!… (*Frappant dans ses mains.*) Une, deux…

LA COMÈTE, *l'arrêtant.* Permettez, je tiens à m'assurer si Boule-de-Neige est toujours là. (*Elle ouvre la malle.*)

BOULE-DE-NEIGE, *passant la tête.* Mais dépêchez-vous donc…

LA COMÈTE, *riant.* Il y est.

VERNOUILLET. Et moi je demande à visiter la table.

LE CERCLE. Rien de plus facile. (*Soulevant le tapis qui ne pend que jusqu'au milieu des pieds de la table, de façon à laisser voir qu'elle ne communique pas avec le plancher.*) Voyez… il n'y a pas de compère. (*Vernouillet passe dessous et en fait voir l'épaisseur, qui n'est que de dix centimètres. — Aux démons.*) Ficelez la malle! (*On la ficelle.*)

LA COMÈTE. Et malgré tout cela, vous allez faire disparaître votre groom?

LE CERCLE. Comme une muscade.

VERNOUILLET. Sans le cacher par quoi que ce soit?

LE CERCLE. C'est là où est l'originalité.

AIR de *Marianne.*

Monsieur Brunnet faisait attendre
Beaucoup trop longtemps son public;
On avait le temps de comprendre,
Et la chose perdait son chic.
Ce truc l'honore;
Mais plus encore,
De nous surprendre il eut eu le moyen,
Si d'une tente
Peu transparente,
Il n'avait pas recouvert son Indien.
Le truc se faisait sous la tente,
Mais pendant que l'Indien sortait,
On dit que le public était
Plus que lui dans l'attente.

TOUS.

Il était dans l'attente!

LE CERCLE. Et maintenant,… attention. (*Frappant dans ses mains.*) Une, deux, trois! Regardez. (*Les deux démons déficellent la malle. Elle est vide.*) Vous le voyez, le petit bonhomme s'est évadé de sa prison sans en détériorer les murs.

LA COMÈTE ET VERNOUILLET. Ah!…

LE CERCLE. Et maintenant, sous ce gobelet!…

(*On soulève le gobelet et l'on trouve dessous le petit Indien, avec son sac à la main.*)

LA COMÈTE. C'est merveilleux!

VERNOUILLET. Ah! je devine! je sais comment il est venu sous le gobelet!

LA COMÈTE. Je m'en doute aussi, seulement je me demande comment il est parti de la malle.

LE CERCLE, *riant.* Je vais vous faire voir encore plus fort que cela!…

VERNOUILLET. Ce n'est pas possible.

LE CERCLE. Je vais renvoyer l'enfant d'où il vient.

LA COMÈTE. Dans la malle?

LE CERCLE. Dans la malle?

VERNOUILLET. Et ficelé dans son sac?

LE CERCLE. Et ficelé dans son sac!...

VERNOUILLET. Si vous faites ça, je déclare qu'en fait de fantastique, vous enfoncerez les prestidigitateurs connus et inconnus.

LE CERCLE. Et cependant, je vais le faire.

LA COMÈTE. Même si je vous demande de mettre votre malle sur une autre table?

VERNOUILLET. Elle a raison, les tables de prestidigitateur, il ne faut pas s'y fier.

LE CERCLE. Je n'ai rien à vous refuser. (*Aux démons.*) Apportez le guéridon.

LA COMÈTE. Un simple guéridon.

LE CERCLE. Voilà la chose.

VERNOUILLET, *l'examinant.* Ah! par exemple, si celui-là est préparé... j'y perds mon nom.

LE CERCLE. Quant au gobelet, vous voyez qu'il est à jour. (*On montre le gobelet, qui est à jour au fond.*) Et pour ne pas que vous supposiez que Boule-de-Neige s'en va par le même chemin qu'il est venu, on va le mettre sur cette table et le couvrir de ce gobelet. (*On approche la table et l'on met l'enfant dessus.*)

VERNOUILLET. Si vous faites ça... ça sera étourdissant.

LE CERCLE, *à la Comète.* Vous n'avez plus d'objections à me faire!

LA COMÈTE. Aucune.

LE CERCLE. Alors, allons-y. (*Frappant dans ses mains.*) Une, deux et trois! Ça y est!

(*On ouvre la malle; on y retrouve le petit Indien ficelé dans son sac.*)

VERNOUILLET. Je ne l'ai pas vu entrer! Et vous?

LA COMÈTE. Ni moi non plus!...

LE CERCLE, *enlevant le gobelet.* Et sous ce gobelet, plus personne.

VERNOUILLET. Bravo! bravo!

ENSEMBLE.
AIR : *Allons vieux bavard.*
Ah! c'est merveilleux,
C'est très-curieux;
Certes, cette malle
Est originale;
Jamais on n'a dû
Voir, c'est entendu,
Un truc aussi bien rendu!
LE CERCLE.
Je vais,
Sans plus d'apprêts,
Vous exhiber tous mes succès.
LA COMÈTE.
Je veux,
Puisque je peux,
Voir ces tours qu'on dit merveilleux.
VERNOUILLET.
Il faut, oui da,
Nous fair' voir ça!
REPRISE ENSEMBLE.
Ah! c'est merveilleux,
C'est très-curieux,
Etc., etc.

SCÈNE IV.
LE CERCLE, LA COMÈTE, VERNOUILLET.

LE CERCLE. Eh bien, comment trouvez-vous ça?

LA COMÈTE. Étourdissant.

VERNOUILLET. Vous savez que je serai enchanté que vous puissiez nous faire voir un autre tour. J'adore ça, moi.

LE CERCLE. En ce cas, prêtez-moi une pièce de cinq francs.

VERNOUILLET. Avec plaisir. (*Se fouillant.*) Nom d'un petit bonhomme! mon porte-monnaie m'a été enlevé par les insectes. Ils ne m'ont laissé que ma montre. (*Il la présente.*)

LA COMÈTE, *surprise.* Vous ne l'avez donc pas donné à réparer?

LE CERCLE. Elle ne va plus?

LA COMÈTE. Je crois bien... il l'a laissé tomber d'un cinquième étage.

VERNOUILLET. J'avouerai même que ça me fera plaisir le jour où elle marchera.

LE CERCLE. Vous voulez qu'elle marche?... Je vais vous la faire marcher. (*Il prend un pistolet.*)

VERNOUILLET. Vous allez bourrer votre pistolet avec ma montre?

LA COMÈTE. C'est une façon étrange de faire les réparations.

LE CERCLE, *tout en bourrant.* Quand on offre une réparation à quelqu'un, n'est-ce pas d'ordinaire avec des pistolets?

VERNOUILLET. Mais, je tiens énormément à cette pièce d'horlogerie... elle m'a été donnée gratuitement, moyennant trente francs, par le *Figaro.*

LE CERCLE. Raison de plus. (*Ajustant.*) N'ayez pas peur, mon pistolet n'est que très-peu chargé. Attention! (*Il vise et fait feu. Musique. La montre animée apparaît au fond.*)

SCÈNE V.
LES MÊMES, LA MONTRE.

VERNOUILLET ET LA COMÈTE. Oh la jolie petite montre.

LA MONTRE.
AIR : *la Veuve Malborough.*
D'une surprise sans pareille,
Ici j'éprouve encor l'effet;
Il semble que je me réveille...
Je sens mon cœur qui se remet.
Moi que l'on avait condamnée
A vivre au fond d'un noir gousset;
Jugez si je suis étonnée
De me voir libre tout à fait.
VERNOUILLET.
Dites-nous donc, sans plus attendre,
Ce qui vous cause un pareil trac.
LA MONTRE, *la main sur son cœur.*
Ce qui m'étonne, c'est d'entendre
Mon petit cœur qui fait tic-tac.
LA COMÈTE, *au public*
La détromper serait dommage;
C'est simplement son engrenage
Qui tout en marchant fait tic-tac,
Tic-tac, tic-tac, tic-tac, tic-tac.
LA MONTRE.
Quelle chance,
Quand j'y pense,
Mon cœur a fait tic-tac (*bis*).
Quelle chance,
Quand j'y pense,
Mon cœur a fait tic-tac, tic-tac, tic-tac.
REPRISE ENSEMBLE.
Quelle chance,
Quand j'y pense,
Etc., etc.

VERNOUILLET, *l'admirant.* Ma prime à remontoir animée.

LE CERCLE. C'était le seul moyen de la faire... *marcher.*

LA MONTRE. Vous regrettez ma transformation.

VERNOUILLET. Moi! mais j'en suis ravi.

LA COMÈTE. Et comment allez-vous maintenant?

LA MONTRE. Je vais très-bien.

VERNOUILLET. Avancez donc!...

LA MONTRE. Ah! je n'ose pas.

LE CERCLE. Elle a raison! Si elle va bien, elle ne doit pas avancer.

VERNOUILLET, *désignant ses yeux.* Ce ne sont pas des yeux qu'elle a, ce sont des rubis. (*Il lui prend la taille.*)

LA MONTRE, *s'échappant de ses mains.* Mais laissez-moi donc, vous allez me détraquer.

LE CERCLE. Vous la laissez encore s'échapper de vos mains.

VERNOUILLET. Si c'est une montre à échappement, ce n'est pas ma faute. (*Allant auprès d'elle.*) Ma toute belle, tu auras beau faire, dès à présent tu expédieras mes minutes... Quand nous irons en chemin de fer, je te paierai des secondes et tu me récompenseras sur l'heure.

LA MONTRE. Parce que vous espérez que je sonnerai celle du berger; mais bernique!... Je me méfierai de mon premier mouvement et je ne vous écouterai pas... eussiez-vous tout l'or logé... dans votre poche.

LE CERCLE, *riant.* Sapristi, mais pour une montre d'argent, elle ne manque pas de platine, la petite.

LA COMÈTE. Ça c'est vrai!... Elle lui a répondu sans balancier... (*Se reprenant.*) sans balancer... veux-je dire.

VERNOUILLET. Mais, petite malheureuse, tu es ma propriété!

LA MONTRE, *effrayée.* Vous allez me mettre une chaîne?

VERNOUILLET. Je ne dis pas cela! Seulement, à partir d'aujourd'hui, tu ne me quitteras plus. (*Lui prenant le bras.*) Et pour ne pas te perdre, je t'emmène avec moi.

LA COMÈTE. Où ça?

VERNOUILLET. N'ai-je pas promis de vous faire admirer les statues et les tableaux du salon de cette année?

LE CERCLE. Alors, il est inutile de vous déranger, je vais les faire venir.

(*Il étend sa baguette. Les deux panneaux de gauche et de droite disparaissent, et l'on voit à leur place deux magnifiques statues en marbre blanc. L'une représentant la Ceinture dorée, de M. Épinay; l'autre, la Vérité, de M. Ottin: Reproduction par les appareils à projection électrique de M. Molteni.*)

VERNOUILLET.
AIR de *la Galopade.*
Ah! sapristi,
Qu' c'est gentil! qu' c'est gentil!
Ces deux statues,
Très court vêtues,
Forment vraiment
Un ensemble charmant;

Aux deux auteurs mon compliment.
Avec sa *Ceinture dorée,*
Celle de gauche est charmante à l'excès,
Et je comprends fort bien son grand succès.
Celle de droite est bien cambrée;
Du premier coup, sous son voile écourté,
On reconnaît *la Vérité.*
Pas de coton, de maquillage...
Je regrette, en voyant ceci,
Que nos femmes, dans leur ménage,
Ne soient pas toutes ainsi.
REPRISE ENSEMBLE.
Ah! sapristi,
Qu' c'est gentil! qu' c'est gentil!
Etc., etc.
(*Les statues disparaissent.*)

LE CERCLE. Et maintenant, si vous voulez passer à la peinture, je vais vous montrer un des succès de l'année : Frédéric jouant de la flûte, tableau de M. Gérôme. (*Le panneau du milieu disparaît et fait place au tableau annoncé.*)

LA MONTRE. Quel dommage que l'on ne puisse pas entendre l'air que le grand Frédéric est en train de jouer.

LE CERCLE. Vous voulez l'entendre, soit! je vais animer le tableau. (*Il fait un signe.*)

(*On entend Frédéric qui joue : au Clair de la lune. Voltaire chante. Les lévriers du tableau aboient et remuent la queue. Charivari infernal. Le panneau reprend sa place.*)

SCÈNE VI.
LES MÊMES, PREMIER DÉMON ET DEUXIÈME DÉMON.

PREMIER DÉMON, *entrant.* Les troubadours avignonnais qui ont fêté le centenaire de Pétrarque... demandent l'insigne faveur de saluer la Comète.

LE CERCLE. Introduisez ces messieurs!

DEUXIÈME DÉMON. Les voici.

SCÈNE VII.

LES MÊMES, CHANDERLOT, CORNAVIN, LE NOTAIRE, BARIGOUL, GARGAMEL, SÉRAPHINE, *en troubadours du moyen âge.*

CHŒUR.
Air de la Déesse du bœuf gras.
Pour que l'on nous remarque
Oui, nous chantons toujours...
Du célèbre Pétrarque
Voyez les troubadours!
Ah!
REPRISE FORTE.

LA COMÈTE. Soyez les bien venus, messieurs, et croyez que je suis on ne peut plus sensible à votre visite.

SÉRAPHINE, *accent provençal.* Est-ce que la Comète et le centenaire de Pétrarque n'ont pas été les plus grands événements de l'année 1874! un astre vient saluer l'autre, voilà tout.

VERNOUILLET, *désignant le notaire.* C'est l'illustre Pétrarque ce gros-là.

LE NOTAIRE. C'est-à-dire signor... que ze souis celui qui le représentait... parce que vous pensez bien que le véritable il ne s'est pas dérangé de l'autre monde... pour assister à *cetta petita festa.*

LE CERCLE. Et il a eu raison. Il eut été un des premiers à s'opposer à ce carnaval d'un goût... douteux.

LE CERCLE.
Air Dans un grenier.
Certes, Pétrarque était un grand génie
Ce fut un maître, un écrivain puissant.
Poète aimé de toute l'Italia
Chacun doit rendre hommage à son talent
Mais, c'est aller au devant du sarcasme
En lui faisant chez nous un tel succès;
Nous devrions garder notre enthousiasme
Pour célébrer nos poètes français *(bis)*

SÉRAPHINE. Vous avez peut-être raison... mais nous, nous n'avons rien avoir à ça.

CHANDERLOT. Nous étions chargés de représenter les troubadours du temps de Clémence Isaure.

CORNAVIN. Nous nous sommes habillés en troubadours!

BARIGOUL. Histoire de prendre part aux jeux Floraux que l'on a organisés.

CHANDERLOT. Et c'est moi qui ai obtenu le premier prix, une gueule de loup en argent.

GARGAMEL. Pour sa fameuse cantate.

LA COMÈTE. Vous avez fait une cantate?

SÉRAPHINE. Ça s'appelle *les Troubadours de Pendule!*

CHANDERLOT. Allons-y!

Air nouveau de Marc Chautagne.
I.
Au temps de Clémence Isaure
Entre Asnière et Tombouctou..
TOUS.
Bouctou
CHANDERLOT.
Un troubadour jeune encore
Se dirigeait n'importe où..
La plume au vent, l'âme en peine
Et la mandoline en main
Il s'en allait par la plaine
En répétant ce refrain:
N'y a qu'les trou ba ba
N'y a qu'les ba, les dours,
N'y a qu'les trou la là, les trou là la lon laire
N'y a qu'les trou ba ba
N'y a qu'les ba, les dours,
Pour chanter toujours
Il n'y a qu'les troubadours!..
REPRISE DU REFRAIN.
II.
SÉRAPHINE.
Une gente et noble dame
Lorsqu'il passa l'entendit...
TOUS.
Tendit!..
SÉRAPHINE.
Quand il eut fini sa gamme
Ell'le fit v'nir et lui dit:
« Beau sir, je ne s'rai pas bégueule
« Je serai franche avec toi
« A t'aimer j'veut être la seule

« Viens donc souper avec moi:
N'y a qu'les trou ba ba
N'y a qu'les ba, les dours,
Etc., etc.
REPRISE DU REFRAIN.
III.
LE NOTAIRE.
L'époux de la noble dame
Était en train d'voyager...
TOUS.
Yager.
LE NOTAIRE.
Il apprit c'que f'sait sa femme
Et revint pour s'en venger.
Il essaya d'les surprendre
Pour les occir' tous les deux,
Mais l'troubadour, sans attendre
Fila par un corde à nœuds:
N'y a qu'les trou ba ba
N'y a qu'les ba, les dours,
Etc., etc
REPRISE DU REFRAIN.
IV.
LE CERCLE, *parlé.* Morale et dernier couplet.
L'mari fit faire un modèle
De p'tits troubadours en zinc..
TOUS.
En zinc!
LE CERCLE
Et sous les yeux d'l'infidèle
Il en mit plus d'cent vingt-cinq!
Bref, il rendit ridichles
Leurs criminelles amours...
V'la pourquoi sur les pendules
On voit autant d'troubadours;
N'y a qu'les trou ba ba
N'y a qu'les ba, les dours
N'y a qu'les trou la la, les trou la la lon laire
N'y a qu'les trou ba ba,
N'y a qu'les ba, les dours,
Pour aimer toujours
Il n'y a qu'les troubadours!
REPRISE.

SÉRAPHINE. Et maintenant que nous avons montré un échantillon de nos petites poésies aux Parisiens, en route pour Avignon.

TOUS. En route!

REPRISE.
N'y a qu' les trou ba ba,
N'y qu' les ba les dours,..
Etc., etc., etc.
Ils sortent en dansant.

LA COMÈTE. Et nous, nous allons passer à d'autres actualités. *(Changement.)*

Septième Tableau

LES NOUVELLES FONTAINES

Arbres à droite et à gauche. — Au fond la nouvelle Fontaine du Luxembourg.

SCÈNE PREMIÈRE

LA COMÈTE, LE CERCLE.

LA COMÈTE, *entrant en parlant à la cantonade.* Nous resterons ici en vous attendant.

LE CERCLE, *même jeu.* Devant la nouvelle fontaine du Luxembourg.

LA COMÈTE. Cette fontaine est nouvelle?

LE CERCLE. Elle a été inaugurée ce matin.

Air : Contentons-nous.
Cette fontaine est en tous points charmante
C'est un travail, selon moi, des plus beaux,
Pour son bon goût, puisque chacun le vante.
Rendons hommage au talent de Carpeaux,
Quant à Bullier qui ne veut que gambades,
Il n'a, je crois, plus rien à demander.
Quoi de plus gai que de voir des cascades
Auprès d'un bal où l'on va cascader.
(On entend une dispute.)

LA COMÈTE. On dirait une dispute!...

LE CERCLE, *regardant.* Ah! ma foi... vous jouez de bonheur!... Ce sont précisément les nouvelles fontaines qui arrivent en se disputant.

LA COMÈTE. Vraiment!...

LE CERCLE. Vous allez pouvoir les examiner sans vous déranger.

SCÈNE II.

LES MÊMES, LES DEUX FONTAINES DU THÉATRE-FRANÇAIS, LA FONTAINE DU CHATEAU D'EAU.
(Elles arrivent en se disputant.)

ENSEMBLE.
Air.
Ah! quelle injure! ah! quel affront!
Je sens de roug' qui m' monte au front!
Car la colère
M'exaspère.
Un tel toupet, un tel aplomb
Vous ferait sauter au plafond.
Jamais on n' vit pareil aplomb!

LE CERCLE. Enfin, mesdemoiselles, expliquez-vous.

LA COMÈTE. Que se passe-t-il?

LA FONTAINE DU CHATEAU D'EAU. Ce sont ces deux petites pécores qui se permettent de dire que je n'ai rien d'élégant et que ma forme est ridicule. Mille millions de carabines!...

LES DEUX FONTAINES, *déclamant ensemble.*
A quoi bon vous fâcher, puisque par tout le monde
Vous êtes constamment critiquée à la ronde!...

LE CERCLE. Je vous reconnais! Vous êtes la Fontaine du Château d'Eau.

LA FONTAINE. Pour mon malheur.

Air de Planquette.
Morbleu
Ventrebleu, sacrebleu!
Dites-moi donc un peu
De me mettre à feu
Si l'on se fait un jeu.
Toute la journée
Je suis bassinée
Et ça m' convient très-peu,
J'en fais l'aveu
Morbleu
C'est en vain que je me démène
Pour avoir des admirateurs
Autour de mes lions, avec peine
Je ne vois que des gens moqueurs.
A peine au monde, je le jure,
On se rait de moi déjà!
Voilà trop longtemps que ça dure
Ça ne peut pas durer comm' ça.
REPRISE.
Morbleu
Ventrebleu, etc., etc.

LA COMÈTE. Et ces deux petites-là?..

LES DEUX FONTAINES.
Nous avons pour voisin le Théâtre-Français
Sous son œil vigilant, nous fîmes nos essais.

LA FONTAINE DU CHATEAU D'EAU. Deux mijaurées qui se permettent de vilipender mes lions et mon architecture. Si je ne me retenais pas... je les mettrais en morceaux... cré nom!... *(Elle va pour se jeter sur elles.)*

LA COMÈTE, *s'interposant.* Retenez-vous!

LE CERCLE. Vous avez tort de vous exprimer aussi cavalièrement. Vous manquez de style.

LA FONTAINE DU CHATEAU D'EAU. Mais, mille-z-yeux, ça n'est pas ma faute, c'est le voisinage de la caserne qui veut ça!... Mille bombes!!...

LA COMÈTE, *au Cercle.* Elle jure comme un sapeur.

LE CERCLE.
Air : de Lauzun.
Sa façon de parler, oui, da,
Me parait être motivée...
Quelqu'un m'a dit que son papa
L'avait, hélas, mal élevée,
Elle jure... ça n'est pas beau;
Mais, ceci n'est rien, je le gage,
Sur la place du Château-d'Eau, } *Bis.*
Elle jure bien davantage!...

LA COMÈTE, *montrant les deux fontaines.*
Je préfère ces deux petites-là... elles paraissent mieux élevées.

LA FONTAINE DU CHATEAU D'EAU. Si elles sont mieux élevées, ce n'est pas étonnant, on les a placées sur deux colonnes. *(Elle montre leurs jambes.)*

LE CERCLE. Cela ne fait rien! Nous vous les préférons.

LA FONTAINE DU CHATEAU D'EAU. Alors, je ne vous plaît pas?...

LES DEUX FONTAINES, *ensemble.*
Hélas, non!

LA FONTAINE DU CHATEAU D'EAU.
Comment non !...
LA COMÈTE.
Voulez-vous que l'on vous mente ?...
LA FONTAINE DU CHATEAU D'EAU.
Pourquoi ne m'bimer pas, madame l'impudente ?...
LES DEUX FONTAINES, *même jeu.*
Mon Dieu, ce n'est pas nous que vous devez blâmer.
Que ne vous êtes vous, comme nous, fait aimer?
On ne vous en a pas empêché, que je pense.
LA FONTAINE DU CHATEAU D'EAU.
Je m'y suis efforcée en mainte circonstance.
Mais, les soins que j'ai pris je les ai perdus tous!
LA COMÈTE.
Alors, tant pis pour vous.

LE CERCLE, *riant.* Ah çà, mais... ce ne
sont pas des vers de La Fontaine que vous
récitez là... c'est du Molière tout pur !...

LES DEUX FONTAINES, *ensemble.*
Il ne faut pas, monsieur, nous faire de reproches
Du Théâtre-Français comme nous sommes proches,
Quand nous voulons parler, malgré nous, nous rimons
Et c'est toujours en vers que nous nous exprimons.

LA COMÈTE. Les alexandrins coulent de
source, ça se comprend !...
(*On entend un roulement de tambour au
loin.*)
LA COMÈTE. Qu'est-ce que c'est que cela?
(*Ils remontent tous.*)
LE CERCLE. Ce sont les soldats de l'avenir
qui vont visiter les nouveaux forts de la ville
de Paris.
(*Le tambour se rapproche.*)
LA COMÈTE. Mais à peine sont-ils commen-
cés !...
LE CERCLE. N'importe, je vais user du pou-
voir de ma baguette fantastique... pour te les
montrer tels qu'ils seront un jour.
(*Musique militaire. Changement.*)

Huitième Tableau
LES SOLDATS DE L'AVENIR

La toile du fond se lève et laisse voir au milieu
d'un décor allégorique, la Ville de Paris, entourée
de ses nouveaux forts. — Au fond un immense
soleil levant. — Au moment du changement, un
bataillon des lycéens de Paris entre en scène,
tambour battant.

SCÈNE UNIQUE
LES MÊMES, PARIS, HUIT FORTS, LES LY-
CÉENS, QUATRE PETITS SERGENTS.
CHŒUR DES LYCÉENS.
AIR : *de Gabrielle de Vergy.*
Pour passer la revue,
Ayons bonne tenue,
Gentils petits soldats
Marchons, marchons au pas,
Pour faire la manœuvre.
LES AUTRES PERSONNAGES.
Pour faire la manœuvre,
LES LYCÉENS.
Nous mettons tout en œuvre.
TOUS.
Ils mettent tout en œuvre.
LES LYCÉENS.
Et bien que nos fusils
Soient encor tout petits,
Voyez comm' ça manœuvre !
(*Mouvement militaire.*)
REPRISE.
Pour passer la revue,
Etc., etc., etc.
(*Pendant le chœur, les Lycéens ont défilé devant
Paris.*)
UN SERGENT. Halte ! Front ! A droite, ali-
gnement ! portez, armes ! présentez, armes !

(*Les mouvements s'exécutent, ils se mettent
sur deux lignes, Paris se lève et descend
de son piédestal, les tambours battent
aux champs.*)

PARIS, *s'avançant.*
AIR : *de Robert Planquette*
I.
A nos enfants, faisons aimer la gloire,
En leur parlant de combats glorieux.
Pour leur apprendre à chérir la victoire,
Disons leur bien ce qu'ont fait nos aïeux.
Tâchons qu'ils soient égaux par la vaillance.
Et de nouveau notre astre brillera.
Nous avons mis en vous notre espérance,
Petits enfants, Dieu vous protègera.

LES LYCÉENS, *s'avançant en croisant la baïonnette.*
Paris en nous peut avoir confiance,
Ses petits-fils ne seront pas ingrats.
Nous voulons tous nous battre pour la France.
De l'avenir nous sommes les soldats.
PARIS.
II.
J'ai vu le sang après bien des batailles
Couler à flots et rougir le chemin...
Je fus témoin d'horribles représailles...
Et malgré tout, je suis resté chauvin.
Il faut songer à la France meurtrie,
Si nous voulons lui rendre son éclat,
Si nous voulons relever la Patrie,
De chaque enfant il faut faire un soldat !
LES LYCÉENS.
Paris en nous peut avoir confiance,
Ses petits-fils ne seront pas ingrats.
Etc., etc., etc.
PARIS.
III.
Nous avons vu tomber dans la poussière
Notre étendard par le nombre écrasé.
Puis, aussitôt, la France noble et fière
Qui relevait son front cicatrisé.
Le temps peut-être a fermé la blessure;
Mais, notre haine a toujours subsisté...
Enfants, c'est vous qui laverez l'injure,
En vous battant au cri de: Liberté !...
LES LYCÉENS, *levant leurs képis.*
Paris en nous peut avoir confiance,
Ses petits-fils ne seront pas ingrats;
Nous voulons tous nous battre pour la France,
De l'avenir nous sommes les soldats.
(*Les enfants forment un carré autour de Paris en
criant : Vive la France, pendant que les huit Forts
qui sont au fond, les protègent de leurs glaives.*

RIDEAU.

* Couplet coupé à la représentation.

TROISIÈME ACTE
Neuvième Tableau
LE THÉATRE MORAL

Un intérieur gothique, une table recouverte d'un
tapis vert, sur laquelle on voit des prix, des
couronnes, une sonnette et un verre d'eau,
bancs à droite et à gauche, portes latérales.

SCÈNE PREMIÈRE
QUATRE EUNUQUES, le THÉATRE-MORAL
LE THÉATRE-MORAL, *entrant.* Eh bien,
messieurs, tout est-il prêt pour la cérémonie?
PREMIÈRE EUNUQUE. Absolument tout !
LE THÉATRE-MORAL. M'avez-vous enfin
trouvé un conférencier ?
PREMIÈRE EUNUQUE. On m'a promis de nous
envoyer un, avant l'heure convenue. (*On
entend le bruit d'une cloche au lointain.*)
DEUXIÈME EUNUQUE. Et tenez, le voilà
peut-être qui arrive.
PREMIÈRE EUNUQUE, *regardant dans la
coulisse.* Ils sont deux.
LE THÉATRE-MORAL. Abondance de confé-
renciers ne nuit pas ! Faites entrer.

SCÈNE II,
LES MÊMES, VERNOUILLET, LA COMÈTE
VERNOUILLET, *un rouleau de papier à la
main.* Le théâtre Moral. S. V. P.
LE THÉATRE-MORAL. C'est moi, monsieur !
VERNOUILLET. Enchanté de faire votre con-
naissance.
LE THÉATRE-MORAL. Donnez-vous donc la
peine d'entrer.
LA COMÈTE. Vous êtes charmant !...

LE THÉATRE-MORAL
AIR : *Pas du zéphir.*
Théâtre-Moral,
Grâce à moi, c'est fatal,
Bientôt l'art théâtral
Sera moins immoral;
Tout sera légal
Et surtout moins brutal;
Je serai l'idéal,
De Monsieur Paul Féval.
Voilà trop longtemps,
Avec des trucs brillants
Et des tableaux vivants
Qu'on éblouit les gens.
Avec des mollets,
Des pernicieux couplets,
On avait des succès
Dont moi je rougirais;
Mais ce temps n'est plus,
Désormais les vertus,
Les sujets bien conçus
Vont prendre le dessus.
Adieu les flons flons !
Les refrains polissons,
Les ballets folichons
Et les folles chansons !
Je veux pour auteurs
De vrais littérateurs,
Je prendrai pour acteurs
D'anciens instituteurs.
Depuis deux cents ans,
Nous voyons les amants
S'amuser aux dépens
Des maris... complaisants;
Mais, en général,
Ce tableau conjugal,
Aujourd'hui, fait très-mal,
On le trouve banal.
Il faut à tout prix,
Un théâtre à Paris,
Où les pauvres... maris
Ne soient plus incompris !
ENSEMBLE
Théâtre moral,
Grâce à lui/moi, c'est fatal,
Bientôt l'art théâtral
Sera moins immoral;
Tout sera légal
Et surtout moins brutal.
Il sera/Je serai l'idéal,
De Monsieur Paul Féval !

LA COMÈTE. Ce programme est parfait.
VERNOUILLET. Oui, mais, si vous suppri-
mez... les revues, les mollets, les maillots, les
opérettes, les féeries... par quoi remplacez-
vous cela.
LE THÉATRE-MORAL. Je substituerai à la
littérature... aphrodisiaque de nos pièces
modernes la bonne et saine comédie d'autre-
fois.
LA COMÈTE. C'est une idée.
VERNOUILLET. Excellente.
LE THÉATRE-MORAL. Et pour encourager
les auteurs du jour à combattre avec moi, dès
aujourd'hui, je vais décerner un prix de vertu
à la pièce la plus morale de l'année (*On
entend des rires au lointain.*)
PREMIÈRE EUNUQUE. Monsieur?... les rosières que vous avez invitées... viennent d'arriver.
VERNOUILLET. Vous avez invité des rosières ?
LE THÉATRE-MORAL. Vous ferez votre conférence devant un parterre de roses.
VERNOUILLET, *surpris.* Quelle conférence?
LE THÉATRE-MORAL. Comment, quelle conférence? Est-ce que, par hasard, vous ne
seriez pas le conférencier que l'on devait
m'envoyer ?
VERNOUILLET. Moi ?
LA COMÈTE, *faisant des signes à Vernouillet.* Parfaitement !... (*Désignant le
rouleau de papier qu'il porte.*) Il a même
écrit son discours à l'avance.
LE THÉATRE-MORAL. Bravo !... *Il remonte
au fond.*
VERNOUILLET, *bas.* Ce n'est pas du tout un
discours que j'ai là, c'est un saucisson que
j'ai acheté en venant.

SCÈNE III.
LES MÊMES, POMME D'API, 1re, 2e, 3e, 4e,
5e, 6e et 7e ROSIÈRE. (*Elles arrivent
en dansant.*
ENSEMBLE
AIR : *Bitte et bosse.*
Les quadrilles
Par nos familles,
Assez longtemps nous furent défendus;
Les rosières
Qui n'sont pas fières,
Aim'nt à danser à leurs moments perdus.

LA COMÈTE, *désignant Pomme d'Api.* Tiens, tiens, mais elle est gentille, cette petite blonde-là.

VERNOUILLET. Elle exhale un parfum de vertu et de fleurs d'oranger qui vous embaume!

POMME D'API, *imitation de Madame Théo.* C'est peut-être pour cela qu'on m'a nommée la Jolie Parfumeuse.

LE THÉATRE-MORAL. On vous nommé la Jolie Parfumeuse? Comment vous appeliez-vous donc avant.

POMME D'API. Pomme d'Api!

VERNOUILLET. Pomme d'Api!...

POMME D'API. Avant que mon amoureux m'ait quittée!...

VERNOUILLET. Il vous a quittée!...

POMME D'API

AIR :
Quel bonheur était le nôtre,
Nos deux noms, l'un près de l'autre,
Enlacés, confondus, venaient s'entortiller...
Combien j'ai versé de larmes.
Sans nul souci pour mes charmes,
L'ingrat un beau matin, crut devoir m'oublier!..

(*Parlé.*) Et je me suis faite bonne!... Oh! mais, je sais faire bien des choses, allez!...

VERNOUILLET. Vraiment!

POMME D'API.

AIR : de *Pomme d'api.*
Je sais faire la révérence,
Comme ceci,
Et je suis, dans l'art de la danse,
Très-forte aussi;
Quand j' vas m' baigner, j' tir' ma coupe,
Comme un poisson;
Et l' soir, je sais tremper un' soupe,
A ma façon.
Pour dire des chansons grivoises
J' suis toujours là,
J' sais faire les tart's aux framboises,
Et puis voilà!
De voir' part ça n' s'ra pas trop bête,
Si vous voulez être' mon bourgeois.
J' vous donn'rai tout... c' qu'un' fille honnête
Peut donner pour trent' francs par mois.

VERNOUILLET. Eh bien! j'y réfléchirai, ma petite Pomme d'Api..., j'y réfléchirai.

LA COMÈTE, *à la première Rosière.* Et vous, mademoiselle, d'où venez-vous?

PREMIÈRE ROSIÈRE. D'à côté d'Argenteuil, d'un petit endroit ous qu'il est ben difficile de rester sage, allez!

LE THÉATRE-MORAL. Vraiment?

DEUXIÈME ROSIÈRE. Oui, à cause du reginglard, un petit vin du pays, qui vous ferait faire bien des bêtises, si on en buvait un petit coup de trop.

LA COMÈTE, *à la troisième rosière.* Et chez vous, mademoiselle, est-ce qu'il y a aussi du reginglard?

TROISIÈME ROSIÈRE. Oh! il n'en manque pas; seulement, c'est les pompiers qui le pompent.

LE THÉATRE-MORAL. C'est moins dangereux pour votre vertu.

VERNOUILLET, *à la quatrième rosière.* Et toi, petite?

QUATRIÈME ROSIÈRE. Moi, j'suis du pays des ânes, mon bon monsieur... et dam, quand on ne sait pas ben se tenir dessus.

CINQUIÈME ROSIÈRE. Il vous arrive des accidents qui vous empêchent ben souvent d'obtenir la rose.

SIXIÈME ROSIÈRE. Tiens, à propos de Rose, ous qu'elle est donc passée?...

VERNOUILLET. Qui ça...

SEPTIÈME ROSIÈRE. Eh bien... Rose Michu! la rosière de Noisy-les-Prunes. (*Remontant et criant à la cantonade.*) Ohé, la boulotte, ohé!

TOUTES, *même jeu.* Ohé, la boulotte, ohé!

SCÈNE IV.
LES MÊMES; ROSE MICHU.

ROSE MICHU, *entrant.* Eh ben, qué qui m' demande?... me v'là.

AIR : de *la Vigneronne de Suresnes.*

I

Moi, je suis de Noisy-les-Prunes,
Je possède un jarret d'acier,
J' suis doué d'un' forc' des moins communes :
A bout d' bras, j'enlève un lancier.
Malgré ça, j' veux pas qu'on m' confonde
Avec un' rosièr' de raccroc....
Ma vertu, d'puis que j' suis au monde,
N'a pas subi l' plus p'tit accroc.
J' suis p't-être un peu forte en gueule,
Tant pis si c' n'est pas d' votr' goût.
J' comprends pas qu'on soit bégueule,
Moi, j' suis bonn' fille... et v'là tout !
Ah! ah! ah!
C'est la faute à papa,
Ah! ah! ah!
Si j' suis bâti' comm' ça!
V'là mon caractère,
C' n'est pas d' la p'tit' bière...
Et, si j' suis rosière,
Moi, je n'en suis pas plus fière!

REFRAIN.
Ah! ah! ah!
C'est monsieur son papa,
Ah! ah! ah!
Qui l'a bâti' comme ça!

II

Nous étions trois dans notr' village
Qu' avions tout's autant de vertu;
Mais m'sieu l' mair', qu'est un homm' très-sage,
Ne s'est pas tenu pour battu.
Il a fait faire, à l'instant même,
Un mât d' cocagn', sur son budget.
Et bien que grimpant la troisième,
C'est moi qu'a décroché l'objet.
Oui, j'ai décroché la rose,
Et cela du premier coup;
Faut pas m' savoir gré d' la chose,
J'ai du biceps et pis v'là tout!
Ah! ah! ah!
C'est la faute à papa.
Ah! ah! ah!
Si j' suis bâti' comme ça!
V'là mon caractère,
C' n'est pas d' la p'tit' bière...
Et si j' suis rosière,
Moi, j' n'en suis pas plus fière!

REPRISE.
Ah! ah! ah!
C'est monsieur son papa,
Ah! ah! ah!
Qui l'a bâti' comme ça!

TOUTES, *criant.* Vive Rose Michu!

LE THÉATRE-MORAL, *très-offusqué des allures de Rose Michu.* Silence, mesdemoiselles, et asseyez-vous! (*Les rosières vont s'asseoir sur les bancs.*)

ROSE MICHU. On ne peut donc pas rire un brin. (*Elle va s'asseoir à droite.*) Je vas manger des pommes, en attendant, moi. (*Elle mange une pomme.*)

LA COMÈTE. Silence!

LE THÉATRE-MORAL. Les succès de l'année vont défiler devant vous, jouer leurs meilleures scènes. Et s'il y en a une que vous puissiez écouter sans rougir, c'est à celle-là que vous décernerez vos suffrages.

TOUTES. Bravo! bravo!

LE THÉATRE-MORAL. Faites entrer le n° 1. (*Le Théâtre-Moral va s'asseoir à la table, à côté de Vernouillet; la Comète auprès d'eux.*)

PREMIER EUNUQUE, *annonçant.* Le capitaine Fortunato!

SCÈNE V.
LES MÊMES, FORTUNATO.

FORTUNATO, *en dragon. Imitation de Mme Grivot.* C'est bien, domestique; c'est bien! Il est inutile de m'annoncer, que diable! Tout le monde connaît le capitaine Fortunato, saperlipopette!

ROSE MICHU. Tiens! il est gentrouillet, ce militaire.

LA COMÈTE, *s'avançant.* Mais je ne vous connais pas, moi.

LE THÉATRE-MORAL. Ni moi, non plus.

FORTUNATO. Comment, vous ne connaissez pas Fortunato! mille carabines! ah çà! vous n'avez donc pas vu jouer *Mme l'Archiduc.*

LE THÉATRE-MORAL. Le Théâtre-Moral ne va jamais aux Bouffes... capitaine!

FORTUNATO. Eh bien! c'est un tort, mille bombes! vous m'y auriez vu à la tête de mon régiment de dragons.

LA COMÈTE. Vous commandez un régiment de dragons, vous! Ce n'est pas possible!

FORTUNATO. Pourquoi cela, ma charmante?

LA COMÈTE.

AIR : *Un petit bonhomme.*
Vous officier, quel phénomène!
Cela me paraît singulier!
Entre nous, mon cher capitaine,
Vous n'avez pas l'air très-guerrier.
Ce n'est pas votre sabretache
Qui peut effrayer vos soldats,
Ce n'est pas non plus vot' moustache,
Puisque hélas vous n'en n'avez pas;
Ça doit êtr' un' vrai' plaisant'rie
De voir comme vous êtes là,
A la tête d'un' compagnie,
Un p'tit bonhomme (*ter*) pas plus haut qu'ça.

REPRISE.
Un p'tit bonhomme (*ter*) pas plus haut qu'ça.

FORTUNATO. Mais, saperlipipopette, cela n'empêche pas que j'ai contribué, pour une bonne part, au succès de la soirée?

MÊME AIR.
Appelez-moi petit bonhomme,
Autant que ça vous f'ra plaisir,
Au public j'ai su plaire en somme,
Et ça n' l'empêch' pas d' m'applaudir.
Toute la salle est unanime
A rendre hommage à mon talent,
Bref, tous les soirs, c'est légitime,
Chacun s'écrie, en s'en allant ;
Que de charmes, que de finesse
Dans le jeu de ce gaillard-là;
Quel bonheur d'avoir dans un' pièce
Un p'tit bonhomme (*ter*) pas plus haut qu'ça!

LE THÉATRE-MORAL. Et quelle est la scène la plus morale de votre pièce?

FORTUNATO. C'est le quatuor des baisers.

LA COMÈTE. Ça doit être gentil ça, le quatuor des baisers!

FORTUNATO, *très-galant.* Voulez-vous que que nous le chantions en duo?

LA COMÈTE. Dame! je ne m'y oppose pas, moi!

LE THÉATRE-MORAL. Capitaine... vous êtes devant des rosières!...

ROSE MICHU. Des rosières! qué qu' ça fait! Vous gênez donc pas, petit bonhomme! vous gênez donc pas!

LE THÉATRE-MORAL. Mademoiselle Michu, je vous rappelle à l'ordre! Passons au n° 2.

SCÈNE VI.
LES MÊMES, LE PRINCE DE CONTI.

LE PRINCE, *au dehors.* Je vous répète que vous n'êtes qu'un cuistre, et que je ne veux plus avoir à faire à vous.

TOUS, *remontant.* Une dispute!

LE PRINCE, *à la cantonade en entrant.* Les prés Saint-Gervais sont charmants, et je vous dis que j'y retournerai. (*Toutes les femmes commencent à l'entourer.*)

LA COMÈTE. Oh, le joli petit jeune homme!

ROSE MICHU. On dirait qu'il est en sucre!...

VERNOUILLET, *au prince.* Après qui en avez-vous?

LE PRINCE. Je suis furieux après M. Harpin.

FORTUNATO. M. Harpin! Qu'est-ce que c'est que ça?...

ROSE MICHU. Pardine! ça doit être le terrible Savoyard.

LE PRINCE. Je ne sais pas si M. Harpin est ce que vous dites... seulement ce que je regrette c'est qu'on me l'ait donné pour précepteur.

LA COMÈTE. C'est votre précepteur, et vous êtes furieux après lui?

LE THÉATRE-MORAL. Qu'est-ce qu'il vous a donc fait?

LE PRINCE. Ce qu'il m'a fait!... Une chose épouvantable, palsambleu!...

POMME D'API. Mais, encore!

LE PRINCE. Le pleutre m'a appris le grec et le latin, et il m'a laissé dans la plus complète ignorance en ce qui concerne la femme et les plaisirs.

VERNOUILLET. Il a fait cela?

FORTUNATO. Vous auriez dû lui couper les oreilles, saperlipopette!...

LE PRINCE. Quand on pense que moi, le prince de Conti, si je n'avais pas fait l'école buissonnière, à l'heure où je vous parle, j'ignorerais encore ce que c'est que l'amour! A mon âge!!... A mon âge!

VERNOUILLET. Vous aviez raison! c'est épouvantable!

LE PRINCE. Heureusement qu'aux prés Saint-Gervais j'ai rencontré des âmes charitables qui ont eu pitié de moi, et qui ont bien voulu se charger de compléter mon éducation.

VERNOUILLET. Tranchons le mot... on vous a dégourdi.

LE PRINCE. Comme vous le dites!... J'ai bu, j'ai chanté, j'ai dansé, j'ai... aimé... si bien qu'aujourd'hui, je puis regarder une femme sans être obligé de baisser les yeux. Et en voilà la preuve. (Il embrasse la Comète.)

VERNOUILLET. Mais, mon cher monsieur Conti, ces choses-là ne se font pas!

ROSE MICHU. Si on ne se retenait pas, on n'en ferait qu'une bouchée.

LE PRINCE.
AIR : des Prés Saint-Gervais.
Marquises, paysannes,
Quand je leur fais la cour,
Comme des courtisanes,
Cèdent à mon amour.
Ont-elles quelques doutes,
Je suis encor plus prompt;
Interrogez-les toutes,
Et toutes vous diront :
Ah! mais ah! mais!
Ah mais! c'est qu'sapristi
C' n'est plus un apprenti,
Comme il est bien bâti,
Le joyeux, le petit,
Le charmant, le gentil,
L' gentil princ' de Conti.
REPRISE.
Ah mais! c'est qu' sapristi,
Etc., etc.

(Pendant la reprise du refrain, il embrasse toutes les femmes pendant que celles-ci se sauvent et que Vernouillet cherche à l'arrêter.)

VERNOUILLET. Il est enragé, ce gamin-là!

LE THÉÂTRE-MORAL. Oser tenter des expériences pareilles en plein Théâtre Moral... c'est révoltant.

LE PRINCE. Révoltant pour vous... mais délirant pour nous! Demandez plutôt à la toute belle que voici... (Il veut prendre la taille à la Comète.)

LA COMÈTE, s'échappant. Mais, monseigneur... moi je ne vous comprends pas.

LE PRINCE, avec malice. Tu ne me comprends pas?

VERNOUILLET, à part. Il la tutoie!...

LE PRINCE. Tu oserais me refuser un baiser... à moi, le prince de Conti?

ROSE MICHU. Est-il entrepreneur, hein!...

VERNOUILLET. Je me sens très-ridicule, moi?...

LE PRINCE. Tu ne peux pourtant pas être plus sévère que ne l'a été la petite Friquette des prés Saint-Gervais.

LA COMÈTE. Il n'y a pas de Friquette qui tienne... je vous répète que vous n'obtiendrez rien de moi.

AIR : de Madame l'Archiduc.
Vous semblez être, en somme,
Un parfait gentilhomme,
Don Juan qu'on renomme.
N'était pas plus galant;
Vous avez la voix tendre,
Pourtant pour vous comprendre,
Moi, j'aime mieux attendre
Que vous soyez plus grand.
Retournez auprès de Friquette,
Si pour vous le bonheur est là,
Avec moi, je le répète,
Monseigneur, vous n'aurez pas ça :
(Mouvement de l'ongle.)
Pas ça, pas ça, pas ça!...
REPRISE.
Pas ça, pas ça, pas ça!

VERNOUILLET. Je ne suis pas fâché qu'elle l'ait remis à sa place.

LE THÉÂTRE-MORAL. Il est vexé!

LE PRINCE. Moi, vexé!... allons donc!... La vertu est chose trop rare chez les femmes pour ne pas l'admirer, lorsqu'on la rencontre.

VERNOUILLET. C'est très-insolent ce qu'il dit là!...

LE PRINCE, à Fortunato. Venez-vous avec moi, capitaine?... Je retourne aux prés Saint-Gervais pour y danser encore (Prenant la taille de Pomme d'Api.) avec Pomme d'Api, si elle veut bien m'y suivre.

POMME D'API, s'échappant. Et mon amoureux qui n'aurait qu'à nous y rencontrer!... Ma foi, non!... D'ailleurs, moi, je n'aime pas les petits jeunes. (Elle se sauve en riant, tout le monde l'imite.)

SCÈNE VII.
LES MÊMES, moins POMME D'API.

LE PRINCE, très-fat. Je vous parie que si je l'appelle elle va me répondre pour m'indiquer le chemin qu'elle a pris.

FORTUNATO. Saperlipopette, voilà qui m'étonnerait beaucoup.

LE PRINCE, appelant au fond. Pomme d'Api!...

POMME D'API, répondant au lointain. Monseigneur!...

LE PRINCE. Qu'est-ce que je vous disais.
REPRISE.
Ah! mais, c'est qu' sapristi,
C' n'est plus un apprenti.
Etc., etc.
(Il sort avec Fortunato.)

SCÈNE VIII.
LES MÊMES, moins LE PRINCE et FORTUNATO.

ROSE MICHU, courant au fond. Eh, dites donc, petit bonhomme... voulez-vous t'y m'y emmener, aux prés Saint-Gervais?...

LE THÉÂTRE-MORAL. Mademoiselle Michu, je vous rappelle à l'ordre pour la deuxième fois!...

VERNOUILLET, à la Comète. Il faut que je t'embrasse pour la façon dont tu lui as répondu. (Il va pour l'embrasser.)

LE THÉÂTRE-MORAL l'arrêtant. Je vous le défends...

VERNOUILLET. Mais...

LE THÉÂTRE-MORAL. Il n'y a pas de mais... Vous allez faire à ces demoiselles une conférence sur l'immoralité des pièces qu'elles viennent de voir, et moi je vais, avant de vous les envoyer, aller trier soigneusement celles qui restent à examiner. (Il sort.)

SCÈNE IX.
LES MÊMES, moins le THÉÂTRE-MORAL.

ROSE MICHU, riant. J'ai fait une niche au conférencier... j'y ai chipé son discours.

VERNOUILLET, à la table. Jeunes élèves!..

LA COMÈTE. Comment jeunes élèves!..

VERNOUILLET. Jeunes rosières, veux-je dire.

ROSE MICHU, dépliant le rouleau. Ah ben! j'aime mieux ça, c'est un saucisson. (Elle prend son couteau et coupe une tranche).

VERNOUILLET. Jeunes rosières, en ce jour solennel. (S'interrompant et s'adressant à la Comète qui s'est placée à côté de lui.) Dites-donc si je glissais un peu de latin dans mon discours.

LA COMÈTE. Va toujours, ça leur fera croire que tu le sais!

ROSE MICHU. Il est très-excellent.

VERNOUILLET. Illustrissimi Rosieri... qui his estis assemblati, salutatem omnibus.

ROSE MICHU. Il nous parle d'omnibus! c'est pas un conférencier, c'est un conducteur.

VERNOUILLET. Chargé par le Théâtre-Moral de faire ressortir l'immoralité du théâtre actuel. (Changeant de ton en apercevant Rose Michu.) Ah çà, mais dites-donc; c'est mon saucisson de Lyon que vous vous passez-là.

ROSE MICHU. J'ai cru que c'était votre discours.

VERNOUILLET. On vous en flanquera des discours à 3 francs la livre! D'abord on ne mange pas ici, c'est immoral! voulez-vous me donner ça, grosse effrontée.

ROSE MICHU. Touchez pas ou j'cogne! (On rit.)

L'EUNUQUE, annonçant. L'Officier de fortune.

TOUTES. Ah!

VERNOUILLET. Faites entrer!.. (A Rose Michu.) je te rattraperai, toi.

SCÈNE X.
LES MÊMES, L'OFFICIER DE FORTUNE, puis UN OURS.

L'OFFICIER, entrant, et d'un ton dramatique. Pardon, monsieur... n'auriez-vous pas vu par hasard le capitaine Kerner en train de rôder par ici!

LA COMÈTE. Qu'est-ce que c'est que ça le capitaine Kerner.

L'OFFICIER. C'est un ours mal léché qui a juré de se venger de moi, en dénonçant au roi mes relations avec sa sœur.

VERNOUILLET. Avec la sœur de l'ours?..

L'OFFICIER. Non, avec la sœur du roi.

LA COMÈTE. Comment vous osez aimer là...

L'OFFICIER. La sœur du roi! chut!... c'est un secret!.. j'ai rendez-vous ce soir avec elle dans le pavillon tournant, un truc qui a fait courir tout Paris.

ROSE MICHU. Dites-donc, est-ce qu'on ne peut pas le voir, votre truc.

L'OFFICIER. Vous voulez le voir. (A un eunuque.) Le pavillon de mon 3e acte! (Le fond du décor s'ouvre et l'on aperçoit une grande guérite éclairée par un clair de lune. (A Rose Michu.) Voulez-vous faire la princesse?..

ROSE MICHU. Quelle princesse?

L'OFFICIER. Celle à laquelle j'ai donné rendez-vous dans le pavillon.

ROSE MICHU. Si ça vous goûte.. moi je veux bien..

LA COMÈTE, regardant au fond. Ah! ah! voilà son fameux truc!

VERNOUILLET. Ça ressemble à une guérite.

PREMIER EUNUQUE, près de la guérite. Le pavillon est prêt, m'sieu? faut-il tourner?

L'OFFICIER. Pas encore! je vous donnerai le signal. (A Rose Michu.) Venez-vous princesse! (Il entraîne Rose Michu dans la guérite.)

VERNOUILLET. Je vais frapper les trois coups! (Il prend le marteau et frappe trois coups.) Attention! (La guérite se met à tourner. On entend un orgue de barbarie qui joue la valse des roses.)

LA COMÈTE. Ils ressemblent à des guignols!

L'OFFICIER, à Rose pendant que la guérite tourne. Ah! princesse, je suis bien téméraire d'avoir osé élever mes regards jusqu'à vous... Mais... vous êtes si bonne et si belle que vous me pardonnerez, n'est-ce pas.

ROSE MICHU. Dam... c'est peut-être bien imprudent d'avoir accepté un rendez-vous dans votre guérite, monsieur l'officier? Si à Noisy-les-Prunes, on savait ça.

L'OFFICIER. Ce n'est pas Noisy-les-Prunes qu'il faut craindre, c'est la vengeance de cet affreux capitaine Kerner qui nous poursuit de sa haine. (Un ours arrive par le fond. Il prend le saucisson que Rose Michu a laissé au pied de la guérite, écrit dessus quelques mots et jette le tout à l'intérieur.)

VERNOUILLET. Nom d'un petit bonhomme, voilà le traître.

L'OFFICIER, *lisant le saucisson.* Le roi est sur vos traces, faites fuir la princesse !

ROSE MICHU. Qu'est-ce que cela veut dire ?

L'OFFICIER. Cela veut dire que nous sommes perdus si on nous trouve ici ! fuyez princesse.

ROSE MICHU. Mais si je peux m'en aller, vous pouvez bien venir aussi.

L'OFFICIER. Ah ! vous savez bien qu'il faut que je reste pour le truc de la poursuite... Partez, princesse... partez, je vous en supplie.

ROSE MICHU. Vous viendrez me rejoindre ?

L'OFFICIER. Oui !..

ROSE MICHU. Je vous attendrai là-bas au coin du petit bois !.. (*Elle disparaît par le fond.*)

(*L'ours cogne sur un des côtés de la guérite.*)

L'OFFICIER. C'est lui, c'est cet affreux Kerner. Ah ! il ne me tient pas encore ? (*Il sort par un des côtés de la guérite ! L'ours prend le même chemin. Ils font le tour en se poursuivant. Au moment où l'officier disparaît, l'ours lui tire un coup de pistolet. Le décor se referme. L'orgue cesse.*)

VERNOUILLET. Ah ! ça ! mais c'est l'ours et la sentinelle qu'ils ont joué là.

LA COMÈTE. Eh bien, et Rose Michu qu'est-ce qu'elle est devenue avec tout ça.

VERNOUILLET. La Boulotte ? Elle doit être dans le jardin en train de finir le discours qu'elle m'a chipé.

TROISIÈME ROSIÈRE. Dans le jardin ? Allons la rejoindre, mesdemoiselles.

TOUTES. C'est ça ! c'est ça.

CHŒUR.
Air : La Jolie Parfumeuse.
Courons vite, vite
Pour retrouver Rose Michu
La scène de la guérite
Est nuisible à sa vertu.
Allons vite
Rejoindre Rose Michu. } *bis.*

(*Elles sortent. Pendant leur sortie, Vernouillet à l'air de réfléchir.*)

SCÈNE XI.

VERNOUILLET, LA COMÈTE, *puis* L'IDOLE.

VERNOUILLET. Elle est très bien cette Rose Michu... et si elle voulait !..

LA COMÈTE. Est-ce que tu en serais amoureux ?

VERNOUILLET. Moi, pas du tout, ravissante Comète ! Tu sais bien que tu es l'ange de mes rêves... je te l'ai déjà dit. ! L'étoile de mes nuits, le soleil de mes jours, mon idole, enfin.

L'IDOLE, *qui est entrée depuis un instant et qui a entendu ce que vient de dire Vernouillet.* Misérable ! tu sais bien qu'en fait d'idole, il ne doit y avoir que moi ici ? Tu ne dois pas donner ce titre à une autre femme.

VERNOUILLET. Ça vous contrarie ? Je retire mon mot. (*A part.*) Qu'est-ce qu'elle veut celle-là !

L'IDOLE. (*Imitation de madame Rousseil.*) Il demande si cela me contrarie. Ah ! ah ! ah ! Eh bien, tu ne m'embrasses pas ?

VERNOUILLET. Vous voulez que je vous embrasse ?

L'IDOLE. Pourquoi ne m'as-tu pas écrit ?

VERNOUILLET, *très-embarrassé.* Parce que... j'ignorais votre adresse, d'abord. C'est une raison.

L'IDOLE. Ah ! moi, je t'ai cru mort !

VERNOUILLET. Vous êtes trop aimable. (*A part.*) Elle n'est pas gaie.

LA COMÈTE. Tu connaissais donc, madame ?

VERNOUILLET. Moi, pas du tout. Et à moins que ça soit une ancienne.

L'IDOLE. Le lâche, il ose me renier ! Ah !

tu ne croyais pas que je viendrais te rejoindre à Saint-Pétersbourg, n'est-ce pas ?

VERNOUILLET. Permettez ! Si vous vous croyez en Russie... vous faites erreur !

L'IDOLE. Tais-toi ! n'essaie pas de me tromper, je suis veuve et je viens te retrouver pour que tu m'épouses.

VERNOUILLET. Vous épouser, mais je ne peux pas !

L'IDOLE. Et pourquoi ne peux-tu pas ?

VERNOUILLET. Parce qu'hier soir, mon contrat a été signé sur les toits par-devant maître Chaulapin, mon notaire.

L'IDOLE, *éclatant.* Tu es marié ! Ah ! tu es marié ! Après m'avoir obligée à entretenir les rhumatismes de mon mari, pour être plus libre. Après t'être roulé à mes pieds, en prononçant des mots entrecoupés d'amour et de fièvre... tu t'es marié ! Tu t'es dit : Voilà une petite femme qui n'est pas méchante... c'est un bon petit pot-au-feu... une bonne pâte de guimauve, elle ne me dira rien, marions-nous, et tu t'es marié !... Misérable ! Eh bien, le petit pot-au-feu va écumer, la pâte de guimauve... va se faire pâte de tigresse ! (*Changeant de ton.*) Tu vas voir comment on entend les dénouements au Théâtre des Arts.

LA COMÈTE, *à Vernouillet.* Qu'est-ce qu'elle va faire ?

L'IDOLE, *tirant un grand couteau.* Tu vois ce petit couteau ? Je l'ai acheté à la boutique à vingt-cinq. (*Prononcez wintschink.*)

VERNOUILLET. Oui, eh bien ?..

L'IDOLE. Eh bien... regarde ! (*Elle se poignarde.*)

LA COMÈTE. Ah !..

VERNOUILLET. Au secours... à la garde !

SCÈNE XII.

LES MÊMES, LES EUNUQUES.

CHŒUR.
Air : C'est une nouvelle race.
Devons-nous prendre les armes ?
Devons-nous nous esquiver ?
Pourquoi tous ces cris d'alarmes ?
Que vient-il donc d'arriver ?

L'IDOLE, *désignant Vernouillet.* Cet homme me résistait... je me suis assassinée... Ah ! (*Elle tombe morte.*)

LES EUNUQUES, *applaudissant.* Bravo ! bravo !

VERNOUILLET, *furieux.* Vous osez applaudir à cette catastrophe ! Décidément il vous manque quelque chose... messieurs les eunuques !..

PREMIER EUNUQUE. Elle a assez bien joué pour qu'on applaudisse.

DEUXIÈME EUNUQUE. Vous n'avez donc pas reconnu l'Idole ! Un des plus grands succès de cette année. (*L'Idole se lève.*)

VERNOUILLET. Et moi qui croyais que c'était arrivé.

LA COMÈTE. Ah ! madame... mes compliments. Il est impossible de jouer une scène avec plus de vérité ! Bravo ! bravo !

L'IDOLE. Vous me flattez.

LA COMÈTE. Du tout.

Air : C'est en tremblant que j'ai lu cette lettre,
De nos bravos vous pouvez être fière ;
Mais, vous aurez encore d'autres succès...
Prochainement, pour notre honneur, j'espère
Vous retrouver au Théâtre-Français.
Ce grand talent qui vous sert d'auréole,
Pour vous, madame, est un sûr pronostic...
Et dussiez-vous ne plus jouer l'Idole,
Vous resterez l'idole du public ! *Bis.*

L'IDOLE. On n'est pas plus aimable ! (*Elle salue.*)

Air :
Et là dessus, monsieur, je pars,
Il est urgent que je vous quitte,
Je compte sur votre visite,
Un soir au Théâtre des Arts.
LES AUTRES PERSONNAGES.
Nous devons l'entourer d'égards,
Après la scène qu'elle a dite,
Nous irons lui rendre visite,
Un soir, au Théâtre des Arts.
(*Elle disparaît. Les eunuques l'accompagnent.*)

SCÈNE XIII.

VERNOUILLET, LA COMÈTE, *puis* GIROFLA.

LA COMÈTE, *à Vernouillet qui a l'air de réfléchir.* Eh bien... à quoi penses-tu ?...

VERNOUILLET. Je pense que, si cela continue, le Théâtre-Moral va être bien embarrassé pour décerner son prix de vertu !...

(*On entend les rosières qui chantent dans la coulisses le refrain suivant.*)

Air connu.
Que t'as de belles filles.
Giroflé, Girofla,
Que t'as de belles filles,
L'amour m'y comptera.

VERNOUILLET, *regardant au fond.* Ah ! ah ! Voilà les rosières qui dansent en rond, en chantant *Giroflé, Girofla.*

LA COMÈTE. Qu'est-ce que c'est que ça, *Giroflé, Girofla ?*

GIROFLA, *entrant.* C'est une pièce qui a eu un succès immense à Bruxelles.

VERNOUILLET. J'avais déjà entendu dire cela.

GIROFLA. Seulement comme nous voulions voir Paris, ma sœur Giroflé et moi, nous sommes venues à la Renaissance pour nous marier le même jour.

LA COMÈTE. Et on vous nomme, vous.

GIROFLA.
Air : Giroflé, Girofla.
C'est Girofla
Qui parle-là.
Excusez mon enfantillage,
Je viens savoir
Si demain soir
Vous viendrez à mon mariage.
C'est Girofla
Qui parle là, } *Bis.*

LA COMÈTE. Nous acceptons avec plaisir votre invitation ! mademoiselle Girofla.

GIROFLA. Ah ! merci. Je vais aller annoncer cette bonne nouvelle à ma sœur Giroflé. (*Fausse sortie.*)

LA COMÈTE. On dit que vous vous ressemblez d'une façon étonnante.

GIROFLA, *revenant.* C'est vrai ?

VERNOUILLET. Alors, je pense à ma chose.

GIROFLA. Quoi donc ?

VERNOUILLET. Votre ressemblance va amener une confusion inévitable.

LA COMÈTE. Vos maris vous prendront l'une pour l'autre et il en résultera des situations on ne peut plus scabreuses.

GIROFLA, *souriante.* C'est probable, mais ce n'est pas ça qui m'effraie le plus en me mariant.

LA COMÈTE. C'est ?

GIROFLA. C'est la question de la jarretière.

VERNOUILLET. Ah ! oui, la petite jarretière qu'en enlève sous la table. Quel charmant usage !...

GIROFLA. Ah ! pour cela nous ne sommes pas du même avis.

Air : Couplets de la Jarretière.
Quand la jambe est fine et ronde,
Ce n'est pas une raison
Pour qu'à table, tout le monde, } *Bis.*
S'en approche sans façon.
Perdre ainsi sa jarretière,
Sous la table est ennuyeux,
Ça doit joliment déplaire
Lorsque l'on est chatouilleux.
Une jeune fille honnête,
Doit craindre ces choses-là,
Moi qui ne suis pas bebête
Je comprends fort bien cela.

REPRISE ENSEMBLE.
Quand la jambe est fine et ronde,
Etc., etc.

VERNOUILLET. C'est un vieil usage ; et moi je suis pour le respect des vieux usages.

LA COMÈTE. Et où la noce doit-elle avoir lieu ?

GIROFLA, À la Renaissance. Nous pouvons compter sur vous?

LA COMÈTE. Certainement, nous sommes trop désireux de savoir ce qui doit résulter d'une ressemblance aussi étonnante.

GIROFLA. Eh bien, à demain alors.

VERNOUILLET ET LA COMÈTE. A demain.

CHŒUR

AIR : du Refrain d'entrée.

Comptez sur notr'
Je compt' sur votr' } présence.
Giroflé, Girofla.
Pour cette circonstance.
Tous deux..... { Nous serons } là.
         { Vous serez }

(Ils dansent en rond sur le refrain. — Girofla disparaît.)

SCÈNE XIV.

VERNOUILLET, LA COMÈTE, LE THÉATRE-MORAL

LE THÉATRE-MORAL, rentrant. Eh bien, êtes-vous satisfait du défilé que vous venez de voir?

VERNOUILLET. J'en suis enchanté!

LA COMÈTE. Moi aussi... seulement j'avoue qu'il manque quelque chose à mon bonheur! J'aurais voulu entendre un chanteur d'opéra.

LE THÉATRE-MORAL. Rassurez-vous, je suis arrivé à m'en procurer un que je vais vous présenter.

VERNOUILLET. Vraiment!

LE THÉATRE-MORAL. Ah! ça n'a pas été sans mal, je l'avoue! Pour venir ici, il a exigé une foule de choses qu'il m'a été impossible de lui refuser...

LA COMÈTE. Ils sont donc devenus bien exigeants les chanteurs d'opéra?

LE THÉATRE-MORAL. Jugez-en par cette lettre que j'ai reçue ce matin. (Il la lui donne.)

VERNOUILLET, lisant. « Monsieur, Je consens à venir chanter chez vous, mais aux conditions suivantes seulement: 1° Un palanquin porté par quatre esclaves viendra me prendre à mon domicile; trois joueurs de flûte précéderont le cortége et seront suivis par quatre pages qui me brûleront de l'encens sous le nez; 3° les rues par lesquelles le cortége passera devront être pavoisées et jonchées de fleurs; 4° mille francs pour un récitatif, deux mille francs pour une romance. Trois mille pour.... » (S'interrompant.) Oh! c'est par trop fort!

LE THÉATRE-MORAL. Trop fort, vous avez dit le mot. (On entend une fanfare.)

LA COMÈTE. Le voilà qui arrive probablement.

LE THÉATRE-MORAL, revenant. Ah! une recommandation...: ne lui dites pas que madame Euxodie Laurent du Théâtre Déjazet est payée plus que lui, il ne voudrait plus chanter.

SCÈNE XV.

LES MÊMES, PAGES, EUNUQUES, puis le CHANTEUR

CHŒUR

AIR : Quand les gens de la noce

Jetons sur son passage
Des chansons et des fleurs;
Gaiment, rendons hommage,
Au plus fort des chanteurs.

(Le cortége arrive dans l'ordre décrit plus haut. — Le chanteur descend de son palanquin, — s'apprête à chanter et tousse.)

VERNOUILLET. Vous désirez peut-être vous rafraîchir? je vais faire monter un syphon d'eau de seltz.

LE CHANTEUR, fausse sortie. Si vous faites monter un syphon d'eau de seltz, je donne ma démission.

LE THÉATRE-MORAL, intervenant. Je vous en prie, ne partez pas! mon conférencier est tout disposé à vous faire des excuses.

LE CHANTEUR. Alors, je vais chanter.

AIR : Où s'en vont-elles.

Je voudrais vivre solitaire,
Comme l'oiseau dans son ciel bleu,
Afin de me soustraire un peu
Aux petitesses de la terre.
(Ses bras commencent à s'allonger)
Par malheur, j'ai l'esprit pointu,
Je n'aurai jamais la vertu,
De me voir ainsi combattu,
Pour des torts que je n'ai point eu.
N'ai point eu
Oui... n'ai point eu!
(Ses bras sont devenus un tiers plus grands.)
Bien heureuses hirondelles,
Elles volent dans un ciel pur!
Où s'en vont-elles? (bis.)
Elle vont chanter dans l'azur!
Si comme elles,
J'avais des ailes
Ah! je sais. (bis.)
Ah! je sais bien où je m'en irais.

(A la fin du morceau, les deux bras du chanteur ont atteint des dimensions énormes.)

VERNOUILLET. Eh bien, on peut dire que voilà un chanteur qui a... le bras long!

CHŒUR

AIR : connu.

Ah c' cadet-là
Quels bras il a!
C'est pir' qu'un télégraphe,
Ça doit bien le gêner... oui da
Pour signer son paraphe,
Paraphe!

(Pendant le chœur, le chanteur est remonté sur son palanquin.)

VERNOUILLET. J'espère bien que vous n'allez pas nous quitter comme ça.

LA COMÈTE. Vous oubliez quelque chose.

LE CHANTEUR. Quoi donc?...

LE THÉATRE-MORAL. Le prix de modestie. (Elle lui remet un prix et une couronne.)

LE CHANTEUR. Je l'attendais.

REPRISE DU CHŒUR.

Jetons sur son passage
Des chansons, des fleurs,
Gaiment rendons hommage
Au plus fort des chanteurs.

(Le cortége sort.)

(Immédiatement le cortége disparu on entend une rumeur prolongée dans la coulisse.)

SCÈNE XVI.

LE THÉATRE-MORAL, VERNOUILLET, LA COMÈTE, puis LA MARIOTTE et tous les personnages de la revue.

VERNOUILLET, allant au fond. Qu'est que ce que c'est ça?

LA COMÈTE. Une Normande qui bouscule tous les gens qui l'entourent.

LE THÉATRE-MORAL. Je la reconnais... c'est la Mariotte de la Famille Trouillat.

TOUS. La voici!...

(La Mariotte fait son entrée au milieu des huées et des rires.)

MARIOTTE, entrant, imitation de Thérésa. Eh ben! quéque vous avez à me dévisager comme ça, tas de Parisiens! vous ne savez donc pas qu'une Normande en vaut une autre. (chantant.)
C'est les Normands, m'a dit ma mère,
C'est les Normands qu'a conquis l'Angleterre.

VERNOUILLET, apercevant les médailles qu'elle porte sur la poitrine.) Madame, permettez-moi de vous féliciter.

MARIOTTE. C'est-il à cause de mes médailles que vous me dites ça?... J'en ai sauvé ben d'autres, allez!... Il y a longtemps qu'on m'a surnommé le Terre-neuve des auteurs! (Changeant de ton.) Mais ousqu'est donc passé mon homme. (Appelant.) Eh! Trouillat.

LE NOTAIRE, entrant, imitation de Paulin Ménier.) Me v'la, ma femme, me v'la. (Il trébuche et tombe.)

MARIOTTE. Mais laisse donc tous ces affutiaux-là... tu sais ben que t'as trop de mérite pour porter des bagages de c' genre-là!... c'est pas fait pour toi, ça, mon homme!

LE NOTAIRE. As pas peur, va, on ne m'y repincera plus.

MARIOTTE. As-tu été t'informer ousque demeurait le séducteur que nous cherchons.

LE NOTAIRE. Parfaitement. J'suis entré dans toutes les boutiques et je leur y a dit: (Imitant de Choparl du Courrier de Lyon.) Le surque est innocent, c'est Dubosq qu'a fait l' coup, puisque Couriol a mangé le morceau, je serai plus gourmand que lui! et si c'est ma tête que vous voulez, prenez-là! c'est pas un rude cadeau que je vous fais là, allez! (Changeant de ton.) Ils ne m'ont pas compris.

LA COMÈTE. Vous cherchez quelqu'un?

MARIOTTE. Je serche un particulier qui s'est marié avec ma pauv' sœur... et qui, le soir de ses noces l'a plantée là sans tambour ni trompettes, ah, le guerdin!

VERNOUILLET, à part. Encore un qui a fait comme moi.

MARIOTTE. Les hommes, en v'là des pas grand' choses!

Air de la famille Trouillat.

Ah pauvres femmes que nous sommes
Nous n' nous corrig'rons donc jamais.
Nous crions tout's contre les hommes,
Et c'est nous qui courons après.
Croyez-en un' femm' d'expérience,
Quand un homm' vous f'ra bon accueil
Il n' faut pas mettre d' négligence
Jeun's fill's c'est l' moment d'ouvrir l'œil.
Quand on veut choisir un époux.
C'est comme pour les prun's à quat' sous.
Faut r'garder d'sus, faut r'garder d'sous...
Tra la ou, la ou lou.

LE NOTAIRE. Et dire que le scélérat que nous cherchons ne fait pas autre chose.... que de nous glisser des doigts.

LE THÉATRE-MORAL. Avez-vous des preuves à fournir contre lui?

MARIOTTE, montrant un sac que porte le notaire. Nous avons toutes les pièces à conviction... Trois faux-cols, un tire-bottes, un télescope et une perruque qu'il a laissé tomber dans la cheminée en se sauvant.

LE NOTAIRE. Et si avec ça nous ne découvrons pas le Vernouillet.

LA COMÈTE. Vernouillet!

MARIOTTE. Vous le connaissez?

LA COMÈTE, le désignant. Mais le voilà!

MARIOTTE. Comment, c'est lui! (Criant.) Ohé! la noce, ohé!!!

VERNOUILLET, à la Comète. Tu ne veux donc plus rester près de moi?

LA COMÈTE. Me fixer auprès d'un homme qui porte perruque! jamais de la vie!

VERNOUILLET. Allons, tu vas être cause d'un malheur!

LA COMÈTE. Tu vas te jeter à l'eau?

VERNOUILLET. Je vais reprendre ma femme!

SCÈNE XVII

LES MÊMES, GARGAMEL, CHANDERLOT, CORNAVIN, BARIGOUL, Mme BARIGOUL, Mme CORNAVIN, Mme GARGAMEL, puis SÉRAPHINE.

CHŒUR

AIR : Allez-vous-en, gens de la noce.

Voilà tous les gens de la noce,
Nous arrivons, clopin clopant,
La vie que nous m'nons est atroce,
Nous réclamons le dénouement.

VERNOUILLET, se jetant dans ses bras. Séraphine! cette chère Séraphine!

SÉRAPHINE, même jeu. Vernouillet! Ah!..

CHANDERLOT. Et ben et moi donc ! vous ne me dites rien !

VERNOUILLET. Chanderlot (*Reconnaissant les autres.*) Cornavin, Barigoul, le notaire !

LE NOTAIRE. Oui Monsieur... oui ! pour suivre votre piste... je n'ai pas craint, moi un officier ministériel, de me travestir en Pétrarque, en hanneton, et en Trouillat.

LE THÉATRE-MORAL. Et c'était pour retrouver votre mari que vous avez fait tout cela ! Attendez !.. (*Il sort un instant.*)

TOUS. Qu'est-ce qu'il va faire.

LE THÉATRE-MORAL, *revenant*. Je donne le prix de vertu à Madame. (*Il la couronne.*)

TOUS. Bravo ! Bravo !

SÉRAPHINE. En voilà une nuit de noce que je n'aurai pas volée.

LA COMÈTE. Et maintenant que n-i-ni c'est fini, moi ! je remonte dans mes nuages ! Seulement, ce que j'aurais voulu voir sans faire le tour du monde ce sont des décors !...

SCÈNE XVIII.

LES MÊMES, ORPHÉE.

ORPHÉE, *entrant*. Alors, viens chez-moi !...

LA COMÈTE. Qui es-tu ?

ORPHÉE. Orphée aux Enfers !

LA COMÈTE. Le suivons-nous ?

VERNOUILLET. Il est trop tard... A cet heure-ci ce n'est pas à Orphée qu'on doit songer... c'est à Morphée.

ORPHÉE. Eh bien, alors... je vais, sans vous déranger, vous faire voir une réduction de mon royaume de Neptune !... Regardez !... (*Changement.*)

Dixième Tableau

LE ROYAUME DE NEPTUNE

LE NOTAIRE, *à Vernouillet*. Eh bien, mon cher ami... Vous me croirez si vous voulez... je n'ai jamais signé un contrat dans des conditions pareilles.

LA COMÈTE. A moi, mes Zodiaques.

(*Au milieu du décor, brillamment éclairé, on voit apparaître le char du premier tableau entouré des douze Signes.*)

FIN

LA MARIOTTE, *au Public*

Air *de la Ronde des Troubadours.*

Si vous avez dans la r'vue
Remarqué quelques bons mots.

TOUS.

Bons mots.

SÉRAPHINE.

Au risque d' faire un' bévue,
Nous réclamons vos bravos.

VERNOUILLET.

Fussiez-vous de la banlieue,
Moi, je vous d'mande à tout prix,
De venir grossir la queue
De la comète... à Paris.

LA COMÈTE.

On peut bien, j' crois,
Revoir une fois,
Les gentils minois
Qui fourmill'nt dans la pièce
En joyeux lurons,
Nous rechanterons,
Nous vous redirons
Tous nos gais flons-flons.

REPRISE GÉNÉRALE.

APOTHÉOSE.

9 782013 618649